北京地铁线网图

北京市城市轨道交通第二期建设规划（2015-2021年）示意图

图片摘自：《国家发展改革委关于北京市城市轨道交通第二期建设规划（2015～2021年）的批复》（发改基础〔2015〕2099号）。

北京地铁
公共艺术
（2018）

北京市轨道交通建设管理有限公司　组织编写

中国建筑工业出版社

图书在版编目（CIP）数据

北京地铁公共艺术 . 2018 / 北京市轨道交通建设管理有限公司组织编写 . —北京：中国建筑工业出版社，2023.9

ISBN 978-7-112-29077-2

Ⅰ . ①北… Ⅱ . ①北… Ⅲ . ①地下铁道车站—环境设计—研究—北京— 2018 Ⅳ . ①U231.4②TU-856

中国国家版本馆 CIP 数据核字（2023）第 160326 号

责任编辑：李笑然　毕凤鸣
责任校对：赵　颖
校对整理：孙　莹

北京地铁公共艺术（2018）
北京市轨道交通建设管理有限公司　组织编写

*

中国建筑工业出版社出版、发行（北京海淀三里河路9号）
各地新华书店、建筑书店经销
华之逸品书装设计制版
北京富诚彩色印刷有限公司印刷

*

开本：787 毫米 ×1092 毫米　1/12　印张：27　字数：647 千字
2023 年 6 月第一版　　2023 年 6 月第一次印刷
定价：320.00 元
ISBN 978-7-112-29077-2
（41647）

版权所有　翻印必究
如有内容及印装质量问题，请联系本社读者服务中心退换
电话：（010）58337283　　QQ：2885381756
（地址：北京海淀三里河路9号中国建筑工业出版社604室　邮政编码：100037）

编写委员会

总策划：丁树奎　陈　曦

策　划：刘天正　罗富荣　路宗存　张继菁　郝志宏

主　编：李亚铁

编　委：徐　菁　杨景涛　陈　昕　任宏伟　马旭伟
　　　　吕　斌　张丽凤　沈丽丽　周　轶

序言 PREFACE

2018年12月30日，历时6年，北京地铁6号线西延和8号线三四期及中国美术馆站终于通车运营。

市民和媒体都在第一时间去体验新线地铁，争相拍照留念，新闻媒体和微信朋友圈里不断发布、转载车站内部空间的照片。地铁6号线西延车站被市民誉为"美得可以拍婚纱照的地铁"，8号线也向广大乘客展现了北京南中轴地铁车站的魅力。

为了让更多的人全面感受地铁车站空间的魅力，了解城市地铁设计建设背后的故事，本书将2018年底开通的6号线西延和8号线三四期及中国美术馆站的室内空间、公共艺术、地面附属一体化设计进行了简明、直观的整理和介绍，简单附上了设计建设过程中的创作、推导方案，并把相应的建成实景照片进行展示，将最终效果直观呈现给大家。同时，也把设计过程中的经验和遇到的问题进行了总结和反思，希望能为后续地铁车站的设计建设管理提供借鉴与参考。

随着城市轨道交通的不断发展，地铁除了满足市民日常工作、生活所需的公共交通功能，还向更为广泛的城市形象和文化功能扩展。地铁车站与城市及市民生活的关系越来越密切，希望更多的人关注地铁车站，关注我们的城市。

目录 CONTENTS

北京地铁 8 号线南段工程

北京地铁 8 号线南段工程概述 | 119

公共区装修及公共艺术 | 125

地面附属建筑设计 | 277

主要参建单位及人员简介 | 297

后记 | 308

- 北京地铁 6 号线西延工程概述
- 公共区装修及公共艺术
- 地面附属建筑设计

PART I

北京地铁
6号线
西延工程

1 PROJECT OVERVIEW

北京地铁 6 号线西延工程概述

○─○─●

金安桥站　苹果园站　杨庄站　西黄村站　廖公庄站　田村站　海淀五路居站　慈寿寺站　花园桥站　白石桥南站　二里沟站　车公庄站　车公庄西站　平安里站　北海北站　南锣鼓巷站　东四站　朝阳门站　东大桥站　呼家楼站　金台路站　十里堡站　青年路站　褡裢坡站　黄渠站　常营站　草房站　物资学院路站　通州北关站　通运门站　北运河西站　北运河东站　郝家府站　东夏园站　潞城站

北京地铁6号线是一条东西向主干线，分为三期建设。一期工程由海淀五路居站至草房站，共20座地下车站；二期工程由物资学院站至潞城站，共8座地下车站；西延部分是其三期工程，穿越海淀区和石景山区，线路长度约10.556km，共设6座车站。三期工程中，廖公庄站、西黄村站、杨庄站为标准站，车站主体均为14m站台暗挖站，站厅空间结构高大开敞，为后续的公共区装修奠定了良好的基础；另外3座车站为换乘车站，金安桥站与S1线、M11线换乘，苹果园站（车站装修尚在建设中，本书展示不包含）与M1线、S1线换乘，田村站与M3线换乘。

6号线平行于1号线、八通线，既服务于中心城区，又起到对外围新城的连接引导作用，是真正呈现城市内部生活状态的交通线。

沿线周边于明清时曾为京西的重要路站，是军事和商贸的要道。

现代发展定位将集中于建成文化创意产业区、城市综合服务区和包括首钢总部在内的总部基地。

◎ 车站分类原则

| 城市规划侧重点 | 地铁总网设计（换乘） | 地段特点、繁华度 | 站点的自身结构特点 | 投资优化 |

◎ 车站空间类型

站点	车站类型	车站典型剖面	类型
田村站	地下站		暗挖岛式　端头厅
廖公庄站	地下站		暗挖岛式
西黄村站	地下站		暗挖岛式
杨庄站	地下站		暗挖岛式
苹果园站	地下站		分段暗挖岛式（2~3层）加设换乘层
金安桥站	地下站		明挖岛式　装配式

◎ 车站室内空间分类

以装修标准站为基础，对田村站、廖公庄站、西黄村站、杨庄站共4站进行标准化、统一化、模数化设计，以满足工期、造价、运营管理等的便利要求；苹果园站为换乘枢纽特色车站，金安桥站为装配式特色站。

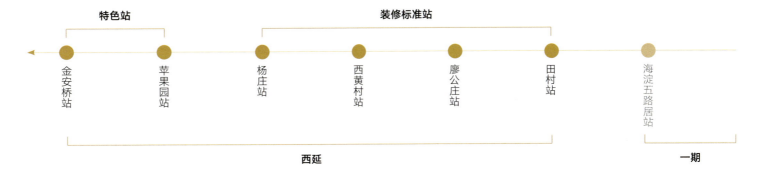

北京地铁6号线西延工程　005

② DESIGN

公共区装修及公共艺术

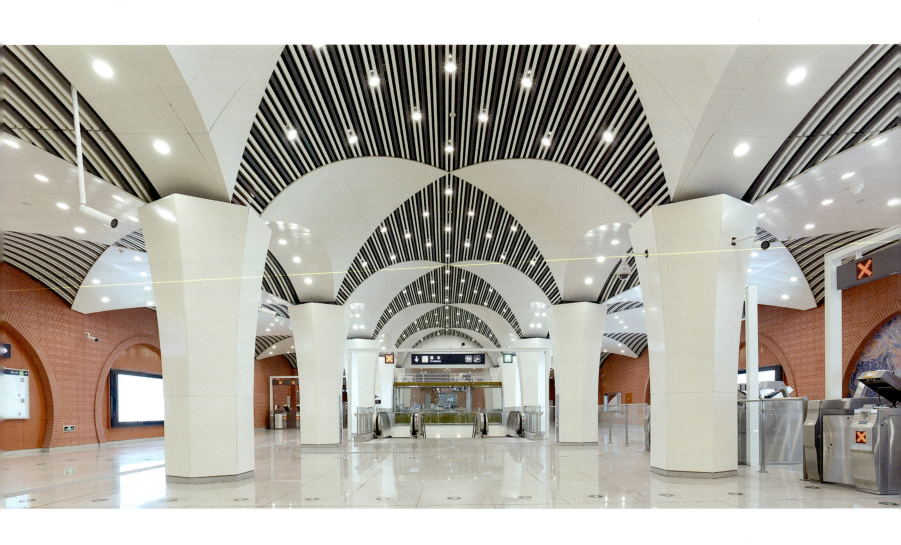

北京地铁6号线西延工程

CONCEPT DESIGN
公共区装修
概念设计

■ **概念主题**

京城连廊

连接历史的北京、现在的北京、发展的北京

北京地铁6号线发源于二环里的老城区，向东连接东部CBD区和通州城市副中心，向西连接新中国成立初期建成区和生态发展区，整条线路像一条城市连廊将整个京城的历史、现在和未来发展完整展现。将老城区的历史人文、副中心的运河水韵、西部区域的活力宜居，共同组成"京城连廊"中的美好风景。

全线以"砖"作为空间传达的介质，从中心老城区的灰砖、城墙砖、琉璃砖，到工业化特点的红砖、陶砖，到当今的金属砖、玻璃砖、彩色砖。6号线整体设计始终延续和贯穿着这一主题理念。

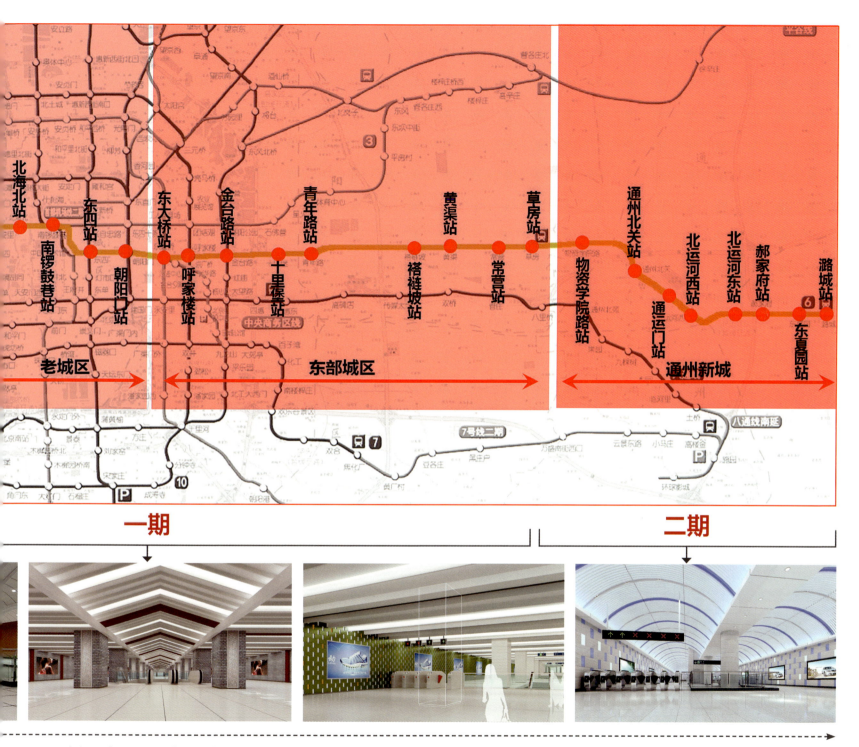

（东西）贯穿与（内外）连接

设计构思1

延续一期红砖元素，浓缩城西生活印记

将一期西段车站墙面红砖的质感、纹理、色彩、组合手法进行延展设计，通过墙面红砖的不同排列，形成丰富、自然的墙面表情和舒适、活力的室内空间环境。

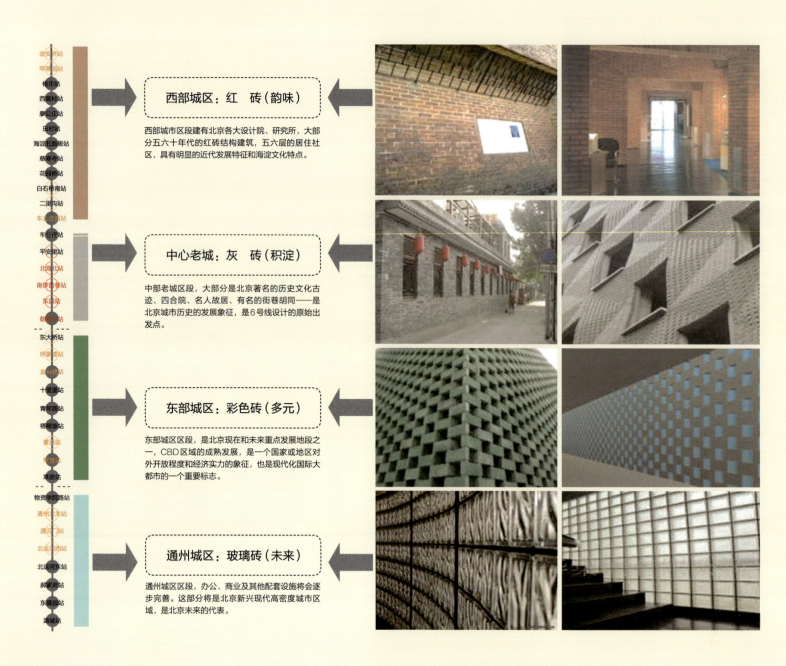

西部城区：红 砖（韵味）

西部城市区段建有北京各大设计院、研究所，大部分五六十年代的红砖结构建筑，五六层的居住社区，具有明显的近代发展特征和海淀文化特点。

中心老城：灰 砖（积淀）

中部老城区段，大部分是北京著名的历史文化古迹、四合院、名人故居、有名的街巷胡同——是北京城市历史的发展象征，是6号线设计的原始出发点。

东部城区：彩色砖（多元）

东部城区区段，是北京现在和未来重点发展地段之一，CBD区域的成熟发展，是一个国家或地区对外开放程度和经济实力的象征，也是现代化国际大都市的一个重要标志。

通州城区：玻璃砖（未来）

通州城区区段，办公、商业及其他配套设施将会逐步完善。这部分将是北京新兴现代高密度城市区域，是北京未来的代表。

设计构思2

充分运用结构特点,再造车站内部空间

西延6座车站中有4座车站为暗挖结构,1座车站为装配式结构,根据土建结构特点,集约处理综合管线的空间排布,充分体现车站建筑空间特点。

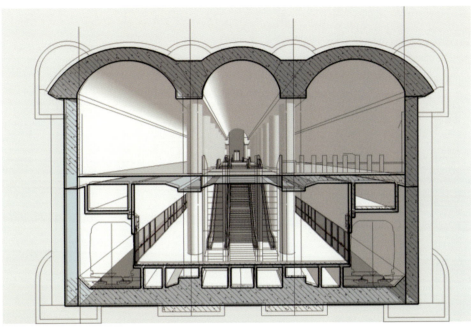

车站结构

空间演变 →

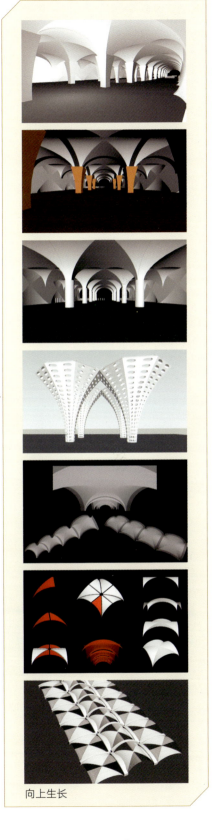

向上生长

设计构思 3

公共艺术融合设计，打造人文地铁空间

墙面红砖肌理配以连续拱形月门造型，将艺术品更加自然地融入其中，使车站内部空间与艺术品有机结合，打造更加完整的艺术空间。在车站艺术品的选择上也与室内空间理念和方案融合共生，打造艺术化空间，标准站的拱"形"与艺术品的美"景"，重点站的天花与艺术品的墙面，有机结合，注重空间与艺术品相互之间的顾盼与融合；在内容上，通过寒来暑往的四季更迭、树下的悠然惬意、历史与未来的碰撞，体现6号线西延的自然活力与"春夏秋冬"四时更迭。

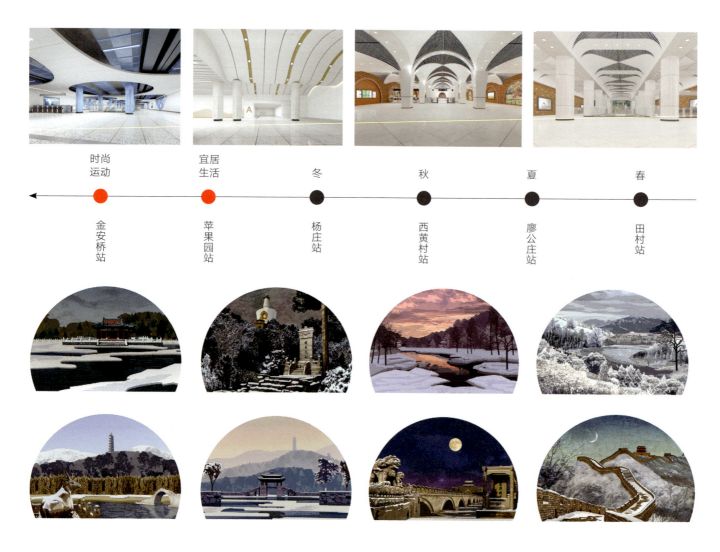

设计构思4

导向标识界面整合，优化空间信息表达

导向与车站空间装修界面的整合设计，可以使西延工程车站突显高效、人性化、现代的空间风格，增强车站规律性和空间识别性。

清晰、醒目、灵活、综合、精致的导向信息空间

导向、广告与墙面整合设计

楼梯口导向、摄像头整合

站台导向整合

METRO STATION
田村站

　　田村站位于玉泉路与田村路、旱河路交叉路口，是M6号线与M3号线的换乘站。周边主要以居住、办公、仓储及少量商业用地为主。路口西北侧为田村小区，路口西南侧为畅茜园兰德华庭小区，路口东南侧为永达逸家小区，路口东北侧为商业区域，有物美、苏宁、中粮广场等商业卖场。周边规划主要是住宅用地。

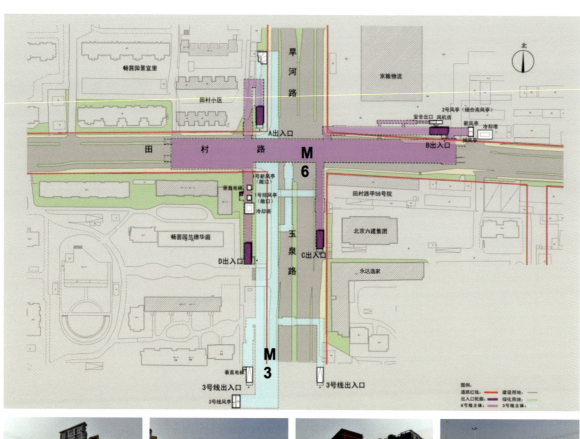

■ **车站概况**

　　该站未来与规划3号线换乘，为两柱三跨分离岛式暗挖车站。车站为14m岛式站台地下两层站。地下一层为站厅层，地下二层为站台层。站台宽度为14m，有效站台长度为158m。后期临时增加了两个分离厅之间的联结通道。B通道与京粮广场通过下沉广场一体化结合。

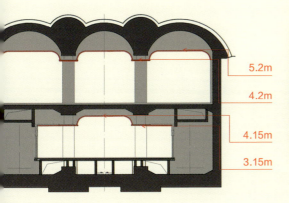

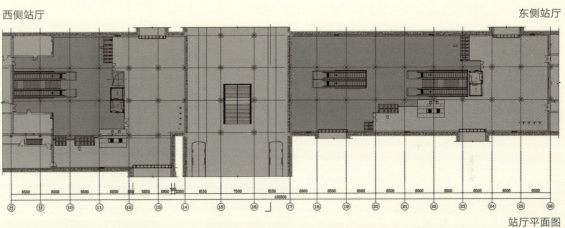

站厅平面图

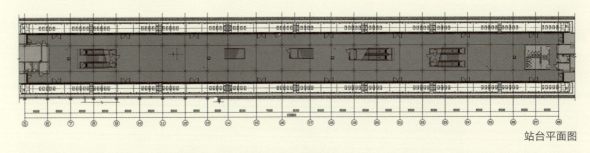

站台平面图

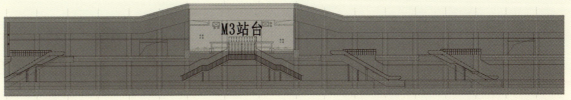

纵剖面图

北京地铁6号线西延工程　　017

公共区装修

田村站延续一期西段风格，墙面采用新型装饰混凝土板，顶棚为白色铝板和圆通铝材，柱面为烤瓷铝板，地面为灰色天然花岗石。由于端头厅车站长度较短，因此顶棚没有刻意地做拱形设计，而是尽量水平抬高处理。顶棚与柱面同色，形成一种向上的活力，空间开阔舒展，减小压抑感，墙面红砖纹理体现了该站的自然宜居与亲和力。站厅端墙设置艺术品，同时将两端站厅的连接通道进行整体艺术化设计，形成完整的艺术空间，开通后成为"网红"通道。

站台风格与站厅统一，中跨抬高，两侧候车区域顶棚和地面颜色变化，增强乘车引导性。

① 站厅实景照片
② 站厅效果图
③ 站台效果图
④ 通道效果图

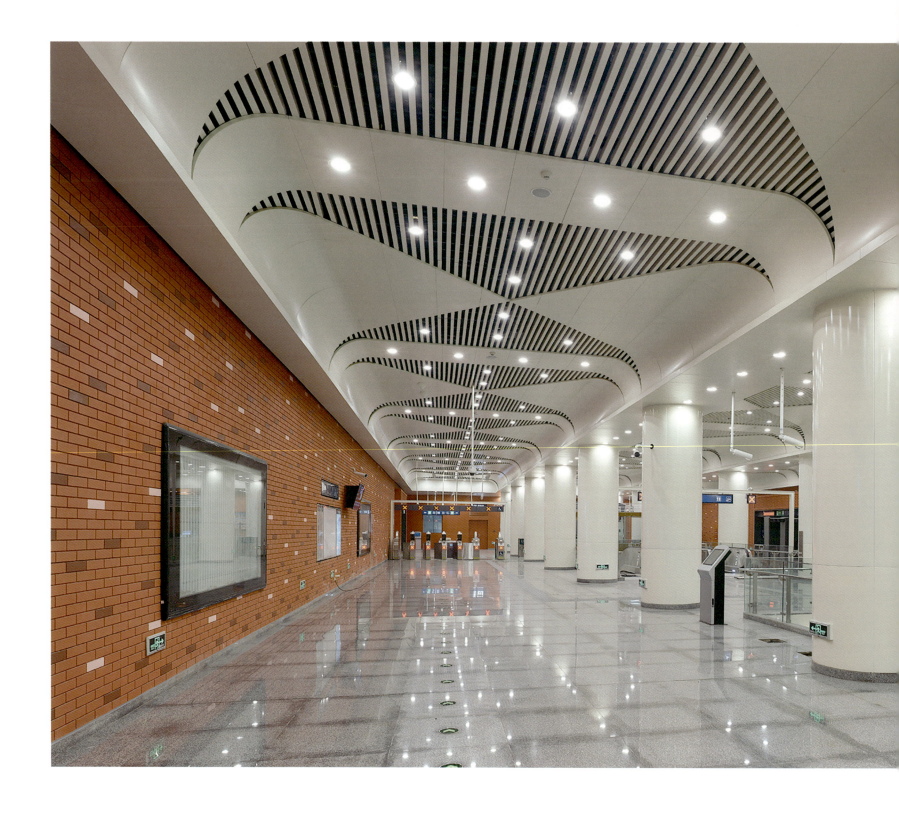

① 站厅实景照片　　⑤ 站厅局部实景照片
② 站台实景照片　　⑥ 楼梯口照明
③ 通道实景照片　　⑦ 导向整合
④ 楼梯口实景照片

北京地铁6号线西延工程

公共艺术

　　创作主题为"春",田村站一共有三幅公共艺术作品,都是迎合"春"的主题,站厅层连接通道处,下了台阶在端头墙位置赫然出现一组镂刻精美的公共艺术作品《白夜森林》,这里空间高大,层层的钢板被艺术家镂刻成树木、小鹿与建筑……精美的镂刻之间还有飞鸟轻轻掠过,这样的画面仿佛在冰冷城市交通体系中注入了"春"的活力,背景光束在不经意间发生着变化,时而温暖似朝阳初生,时而浪漫似晚霞漫天,时而静谧似梦境空灵,仿佛时间流逝,画中故事仍在生长一般。

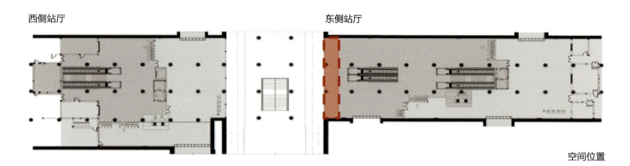

空间位置

《白夜森林》(田村站端头墙位置)

创作单位:中央民族大学美术学院
组织单位:北京科瑞迪国际文化传播有限公司
作　　者:牧婧　中央民族大学美术学院视觉传达系教师
作品材料:金属雕刻
作品尺寸:21m×6.6m
设计说明:鹿灵动且神秘,隐匿于寂寂森林,藏于我们心中。在繁华都市,我们渴望寻求内心深处的片刻安宁。地铁的尽头可视为通往另一个世界的窗口,白日中感受梦的真实,传递出一种无声的情感互动。白色树林,春意悄然而至,古典建筑与光影变化营造出梦境效果,给行人无限的遐想空间。

公共艺术与空间融合

田村站的连接通道,空间十分高大,圆拱最高点高达9m,设计中将空间与艺术品相结合,这对于艺术家面临的挑战十分艰巨,由此艺术家参与到设计前期的装修设计之中,使得公共艺术与站厅装修设计融为一体,呈现出鹿和飞鸟的墙面,使人赏心悦目。

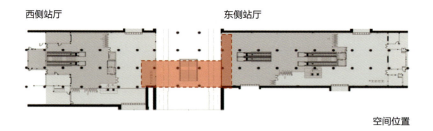

空间位置

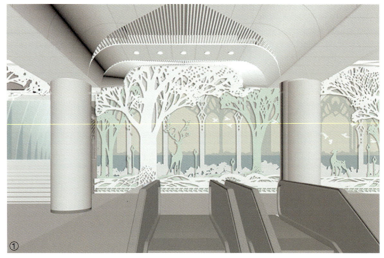

① 端墙艺术融合方案
② 连接通道方案
③ 连接通道实景照片
④ 连接通道细部实景照片
⑤ 端墙实景照片

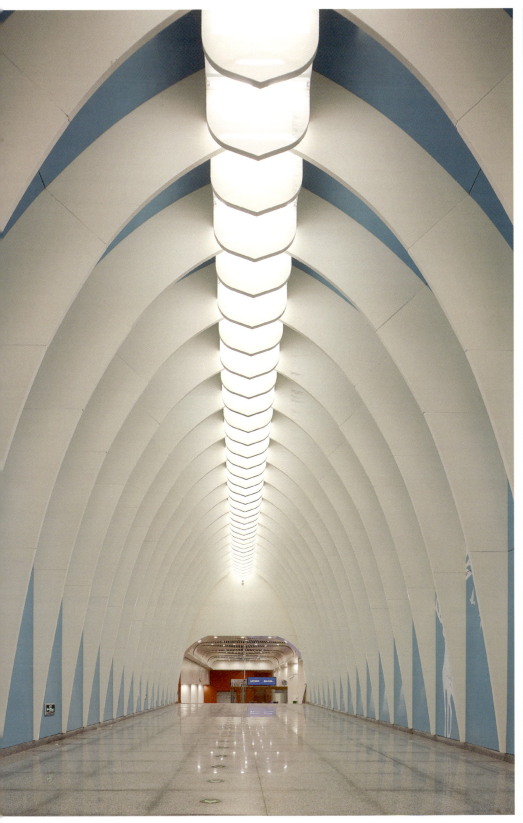

站台层人流密度大，留给艺术品表现的空间有限，此处公共艺术把柱子的顶部向对方延伸，自然形成艺术围合，造型简洁而又富于联想，似拱门、似飘带，以蓝-橙颜色互补，与站厅题材《大漠丝雨 海上生花》紧紧相扣。此作品诠释了公共艺术的基本含义——把功能性与艺术观赏性完美地结合在一起。艺术走出了圣坛，出现在匆匆的旅客之中，出现在站台排柱之间，出现在列车与站台的凝望之间……

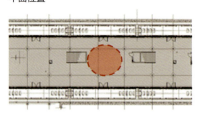
平面位置

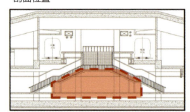
剖面位置

空间位置

《大漠丝雨 海上生花》

创作单位： 中央民族大学美术学院
组织单位： 北京科瑞迪国际文化传播有限公司
作　　者： 张朋　中央民族大学美术学院视觉传达系副主任
作品材料： 彩色马赛克镶嵌
作品尺寸： 8.5m×4.2m×3.2m
设计说明： 古代丝绸之路包括在明末发挥巨大作用的海上丝绸之路，有力地促进了东西方的经济文化交流。在新时代"一带一路"和构筑人类命运共同体的伟大实践中必将再度焕发勃勃生机。本作品尝试通过描绘两条丝路上具有代表性的敦煌壁画和航海大宝船形象，以求管中窥豹，让生活在当下的人们能感受到那段历史的壮阔，从而激励起砥砺前行的壮志，在改革的春天创造民族的辉煌。

走进地铁站，在楼梯口处就能感受到一股梅花的清香，在下站台层的楣头墙位置有一幅由5块通高3.6m组成的屏风壁画《京西访梅》，在北京老城西面的阜成门，是明、清两代自门头沟运煤进城的重要通道，故有"煤门"之称。据说在阜成门瓮城的门洞内刻有一束梅花，就是因为"梅""煤"同音。老北京还有"阜成梅花报暖春"的俗话儿。

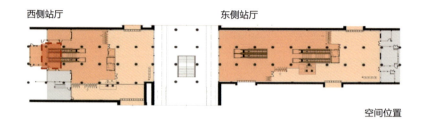

空间位置

《京西访梅》（田村站楣头墙位置）

创作单位： 中央民族大学美术学院
组织单位： 北京科瑞迪国际文化传播有限公司
作　　者： 张朋　中央民族大学美术学院视觉传达系副主任
作品材料： 玻璃雕刻焗漆彩绘
作品尺寸： 8.5m×4.2m
设计说明： "忽然一夜清香发，散作乾坤万里春。"元代诗人王冕咏诵梅花的诗句很好地诠释了梅花凌寒独开预示着春天也悄然而至了。本作品也正是表现了京西初春梅花盛开大地复苏的惊蛰时节。

京西访梅——忽然一夜清香发 散作乾坤万里春

METRO STATION
廖公庄站

廖公庄站位于田村路和巨山路交叉路口。周边以大型批发市场、居民小区为主。东北侧为锦绣大地农业观光园区、锦绣大地四道口果品批发市场，东南侧为锦绣大地物流港，西南侧为碧桐园小区，西北侧为原廖公庄居民区。周边规划主要以住宅和绿地为主。

车站概况

该站位于巨山路与田村路十字交叉路口桥区下,埋深较大。两柱三跨暗挖车站,地下二层结构,地下一层为站厅层,地下二层为站台层。站台宽度为14m,有效站台长度为158m。共3个出入口通道,东南象限预留一个通道,其中东南通道长度较大。

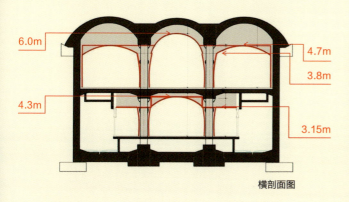

横剖面图

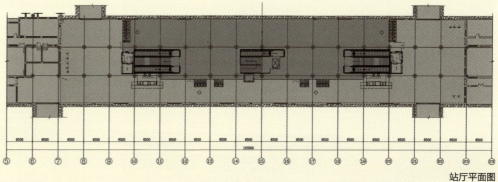

站厅平面图

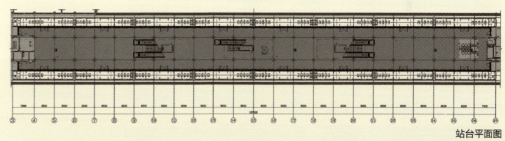

站台平面图

纵剖面图

北京地铁6号线西延工程

■ 公共区装修

廖公庄站为标准暗挖车站，也是本线路标准站室内空间设计理念的集中体现，在内部空间设计中充分利用结构特点，整合设备管线，抬高顶棚高度，摒弃"涂脂抹粉"的装饰手法，而以建筑手法再造车站空间；墙面采用新型装饰混凝土板，塑造更加自然、生动、活力、立体的空间形象，拔地而起的柱面与顶棚有机结合，形成一种向上生长的生命力，结合顶棚弧板与方通的虚实对比，使整个车站空间端庄大气而又活力舒展，消除了地下空间的封闭和压抑感；同时墙面红砖肌理配以连续拱形月门造型，不仅与顶棚飞舞、涌动的曲面相呼应，还将艺术品更加自然地融入其中，使车站内部空间与艺术品有机结合，打造更加完整的艺术空间。使乘客置身站内望去，如门中观景，风光无限。

站台风格与站厅统一，中跨抬高，两侧候车区域顶棚和地面颜色变化，增强乘车引导性。

① 站厅效果图
② 站台效果图
③ 通道效果图
④ 站厅实景照片

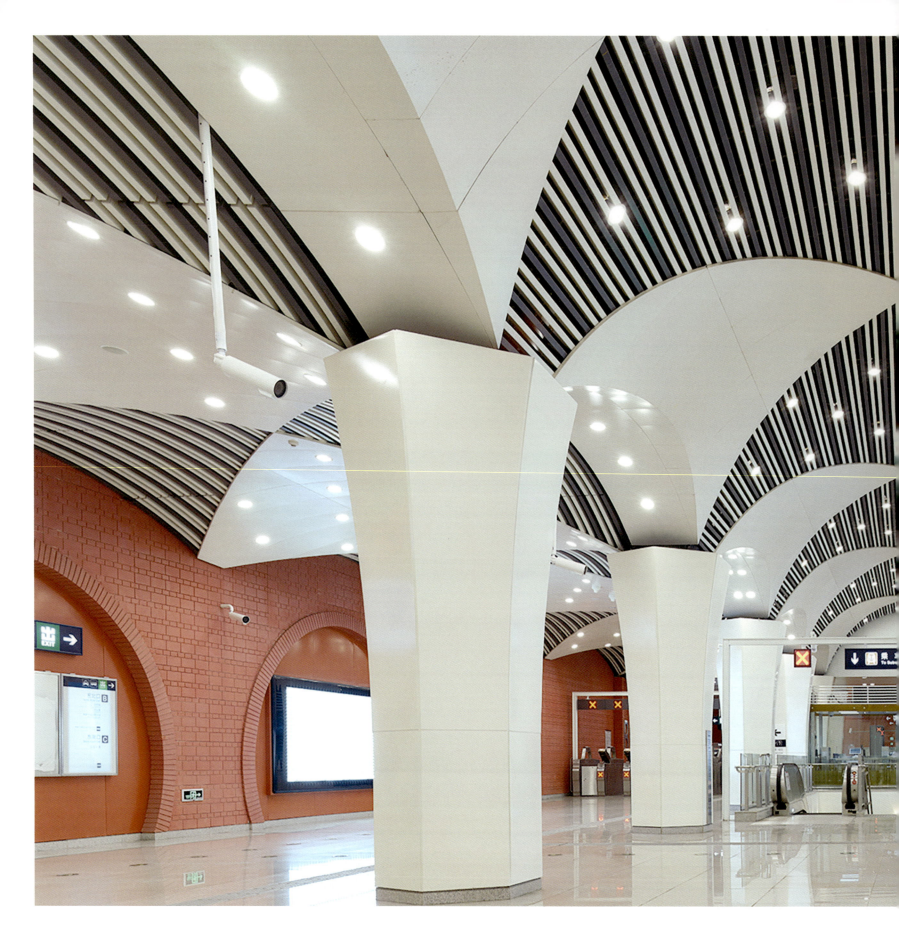

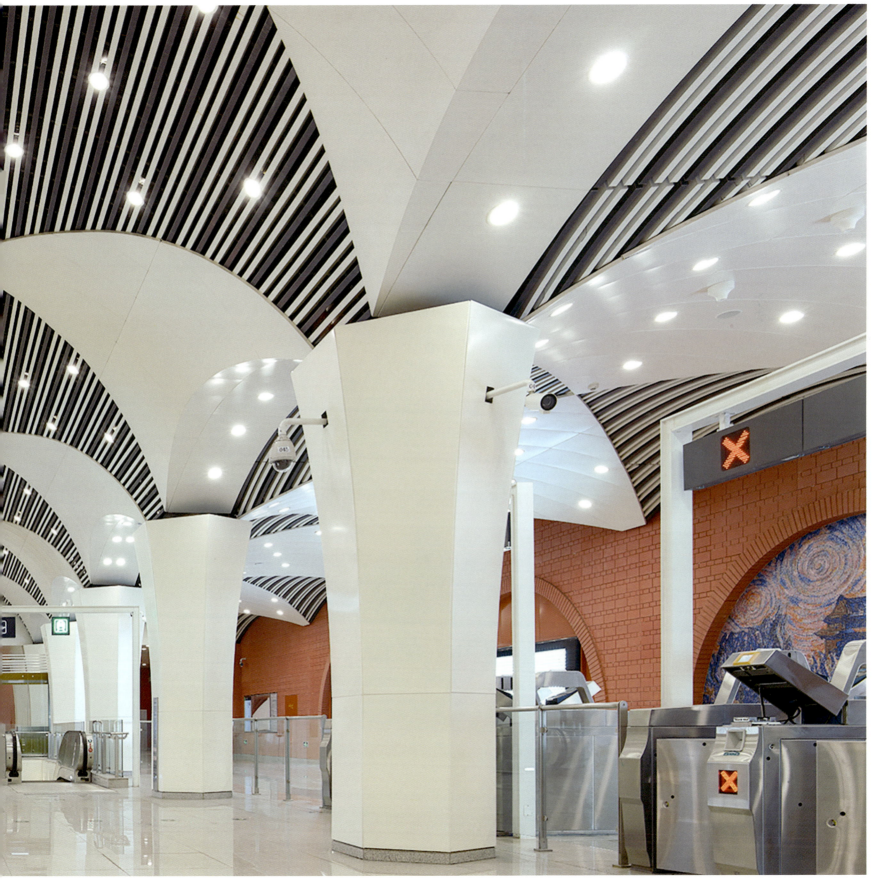

① 局部实景照片
② 通道实景照片

②

公共艺术

创作主题为"夏",在廖公庄地铁站厅层里,装修风格把站厅墙面分为了若干个半月形,这里的公共艺术作品就是在这八个"月亮门"里的艺术表现,在这里有四幅相邻的"月亮门",其中的作品描绘出北京后海的夜景,作者用浪漫主义的笔触,勾勒出夜空的月色及繁星点点,在远处的天际线上,似乎有几处中式建筑里透出灯光惬惬,有几株荷花在河水之中摇曳,河水里反射出天空的星光似乎也在水之中演绎舞蹈一般,但光与影有着和谐的旋律,如梵婀玲上奏着的名曲。

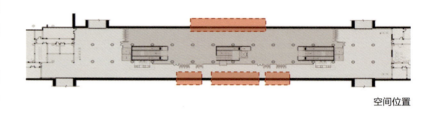

空间位置

《荷塘月色》

《荷塘黄昏》

创作单位:中央民族大学美术学院
组织单位:北京科瑞迪国际文化传播有限公司
作　　者:何威　中央民族大学美术学院环艺系主任
作品材料:彩色马赛克镶嵌
作品尺寸:8.5m×4.2m　8幅
设计说明:《荷塘月色》因收入中学语文教材而广为人知,是现代抒情散文的名篇。作品着力刻画北京夏日里荷塘月色美丽的景象,含蓄而又委婉地寄托对宁静、自由的向往,超脱现实而又复杂的思想感情,作品寄托了老百姓对荷塘月色的喜爱之情。
　　　　《荷塘黄昏》四幅也是北京夏日湖边景色,黄昏中烈日映照晚霞,热浪在天空中升腾、旋转,落日余晖把河边的中式建筑、柳树的轮廓勾勒得格外清晰,河水的倒影犹如无数条彩带在颤动,应和着祥和落日的恢宏乐章。

廖公庄站A通道比较长，因此在走廊之中设置了公共艺术作品，这幅作品也是以"夏"作为主题，去海边消暑是很多北京百姓的出游选择。

金色的沙滩与蓝色的海水交相辉映，五颜六色的贝壳和海星犹如音符奏响了和谐的海之乐章。欢快的色彩律动的构图和优美的曲线，都给人以艺术的享受。作品以公共艺术的形式与乘客交互沟通，给行色匆匆的旅途带来一丝惬意，让置身其中的人也能感受到大自然的美好气息。

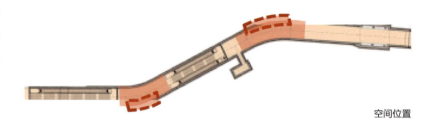

空间位置

《海洋之星》（廖公庄站通道位置）

创作单位：中央民族大学美术学院
组织单位：北京科瑞迪国际文化传播有限公司
作　　者：牧婧　中央民族大学美术学院视觉传达系教师
作品材料：马赛克镶嵌
作品尺寸：18m×2.3m，12m×2.3m，9m×2.3m
设计说明：作品犹如为乘客开启一扇通往奇幻海洋的大门，使人瞬间置身海底世界，流连于每一个纯手工剪拼的马赛克海星的艺术魅力之中，让行人暂时忘记一天的疲劳。画面采用蓝色搭配站厅中橙色的墙面，这种对比色具有强烈的视觉冲击力，为人群带来眼前一亮的视觉惊喜。在这幅马赛克艺术品中运用了多种拼贴方式，比如大块料剪拼、异形拼贴以及传统筛板等，使画面在保持整体的同时增添了很多精美的细节，供人细细回味。

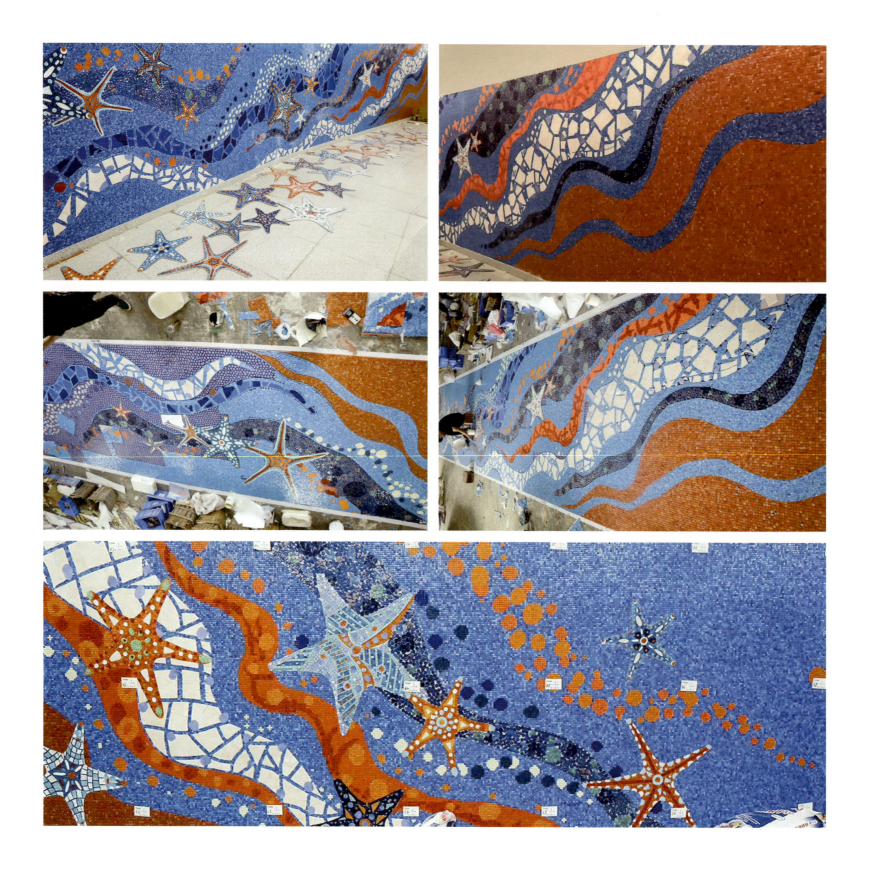

METRO STATION
西黄村站

　　西黄村站位于田村路与规划西黄村路十字路口处，沿田村路东西向布置。西南侧为雍景四季小区，临街为16层住宅带底商；东南侧为西黄村南里小区；道路东北侧，即规划西黄村路东侧，现多为低矮平房。周边规划主要以住宅和科研教育用地为主。

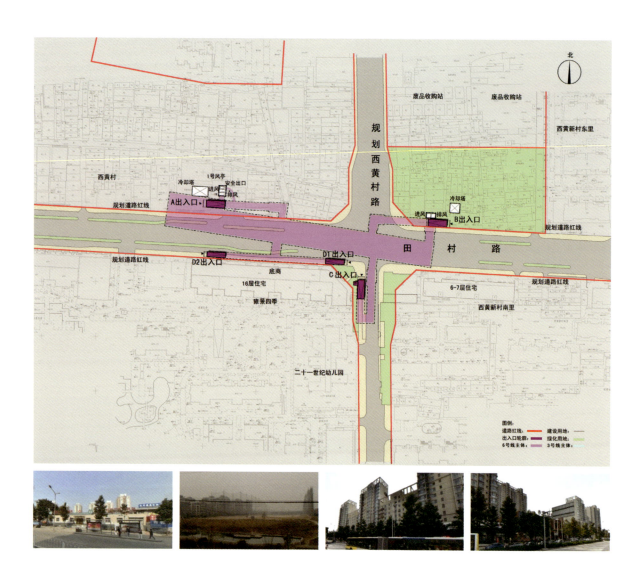

■ 车站概况

该站为两柱三跨暗挖车站，地下二层结构，地下一层为站厅层，地下二层为站台层。站台宽度为14m，有效站台长度为158m。其中西北通道与周边地块一体化结合。

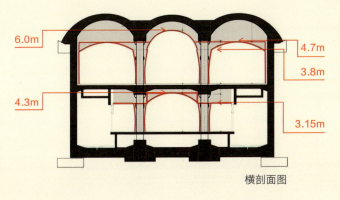

横剖面图

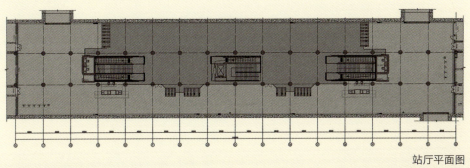

站厅平面图

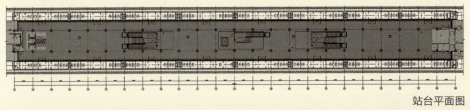

站台平面图

纵剖面图

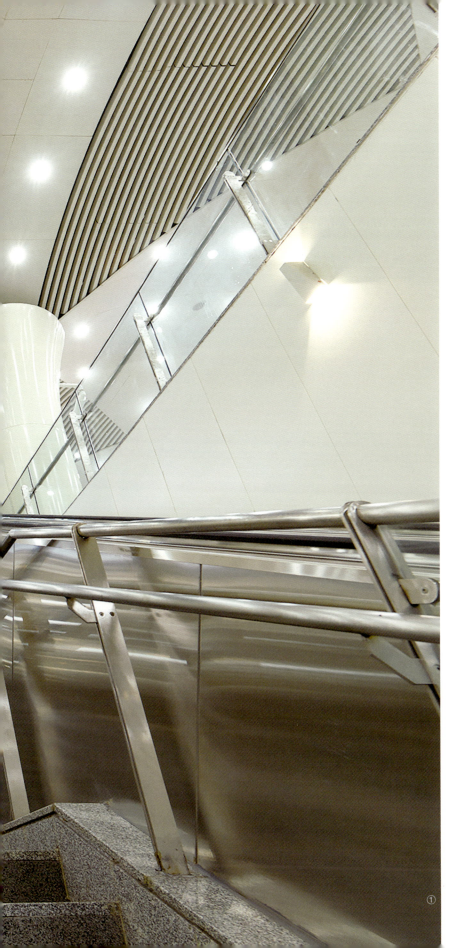

■ 公共区装修

西黄村站为标准暗挖车站，设计手法与廖公庄站一致，为了增加车站空间的识别性，采用双曲圆形柱面，顶棚铝方通部分采用深灰色，增加顶棚部分视线的层次和进深，使空间更加舒展而有张力，同时墙面艺术品采用"金秋"主题画面，使该站室内空间特色更加明显。

站台风格与站厅统一，中跨抬高，两侧候车区域顶棚和地面颜色变化，增强乘车引导性。

①站厅实景照片
②站厅效果图
③站台效果图
④通道效果图

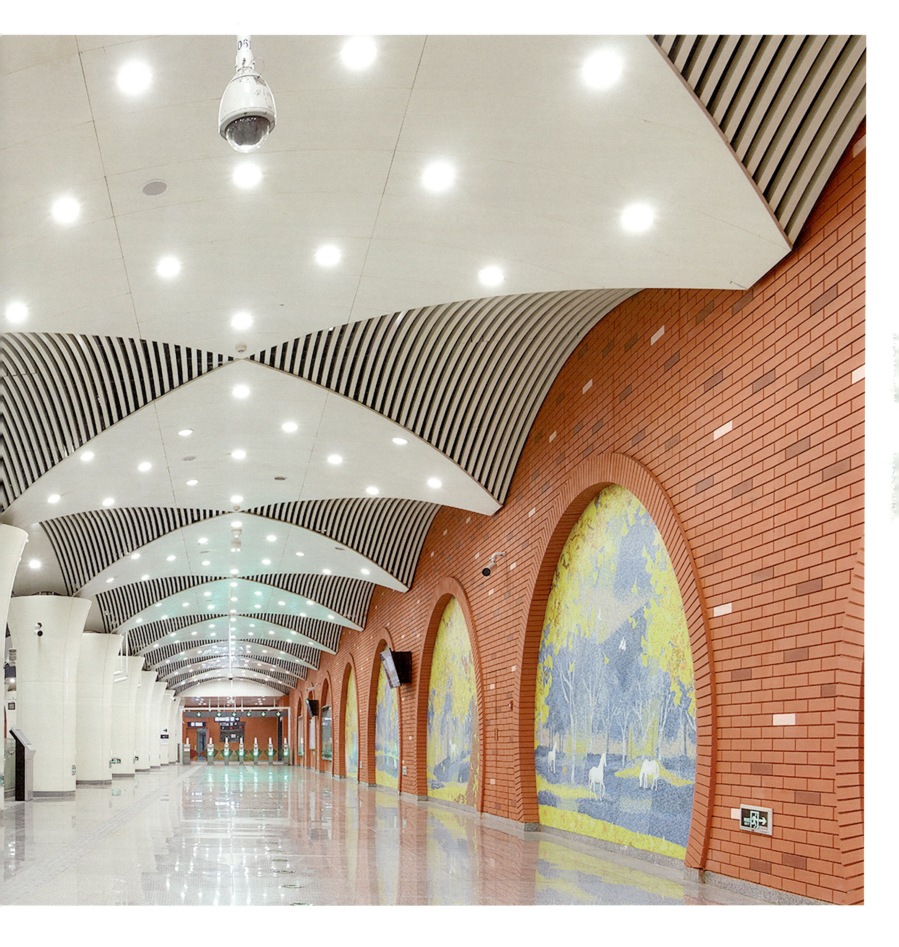

■ 公共艺术

创作主题为"秋",北京的秋天天高云淡,气候宜人,周边郊区物产丰富,可让人大快朵颐,四九城内外的秋景更是让人流连忘返。西黄村站的秋景抽取了北京秋天最具代表性的银杏叶为主题,运用梦幻主义风格进行创作:在远处青紫色的树林里,阳光透过银杏树的金黄树叶的间或斜射下来,丛林中白马、白鹿在悠闲地嬉戏……

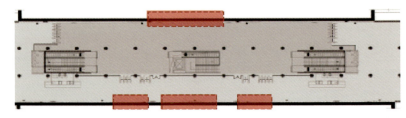

空间位置

《闲影留金》(西黄村站站厅两侧位置)

创作单位:中央民族大学美术学院
组织单位:北京科瑞迪国际文化传播有限公司
作　　者:牧婧　中央民族大学美术学院视觉传达系教师
作品材料:马赛克镶嵌
作品尺寸:8.5m×4.2m　8块
设计说明:碧空如洗,金色的银杏在清风中翩翩起舞,远处白色的鹿与马悠闲地享受秋日暖阳,正是北京最动人的一抹秋色。画面延展了地铁的封闭空间,为忙碌的行人送去一份娴雅。

北京地铁6号线西延工程

METRO STATION
杨庄站

杨庄站位于东西向苹果园南路和南北向实兴大街交叉路口西侧，沿苹果园南路设置。西北侧为首钢物业苹果园一区，临街多为住宅；南侧为杨庄北区，临街多为住宅。周边规划主要以住宅和科研教育用地为主。

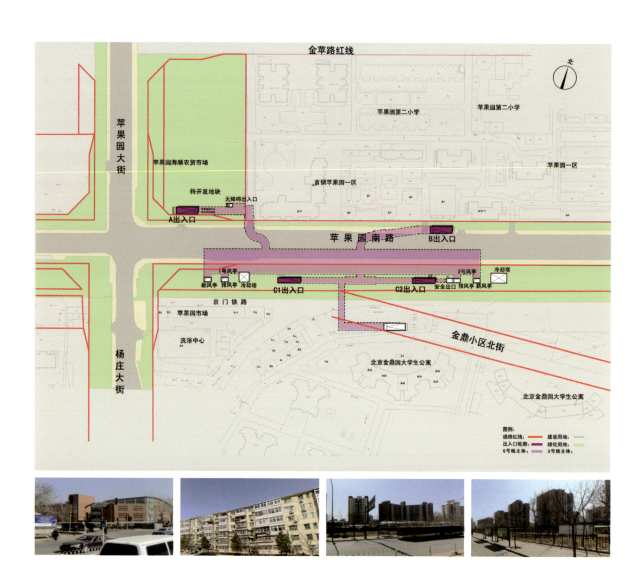

■ 车站概况

该站为两柱三跨暗挖车站,地下二层结构,地下一层为站厅层,地下二层为站台层。站台宽度为14m,有效站台长度为158m。其中西北通道与周边地块一体化结合。

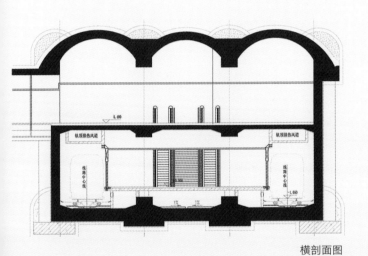

横剖面图

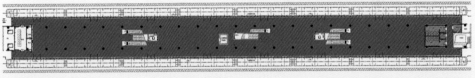

站厅平面图

站台平面图

纵剖面图

■ 公共区装修

杨庄站也是标准暗挖车站，该站顶棚呼应"冬"的主题，采用白色，使整个空间更加简洁、素雅，同时为了增强空间活力，在站厅临近一体化通道位置进行以"生长"为主题的重点处理，不锈钢八边形柱面造型，部分圆孔内扣彩色玻璃，配合灯光体现炫彩、活力绽放的视觉盛宴，突出车站氛围。

站台风格与站厅统一，中跨抬高，两侧候车区域顶棚和地面颜色变化，增强乘车引导性。

① 站厅效果图
② 站台效果图
③ 站厅实景照片

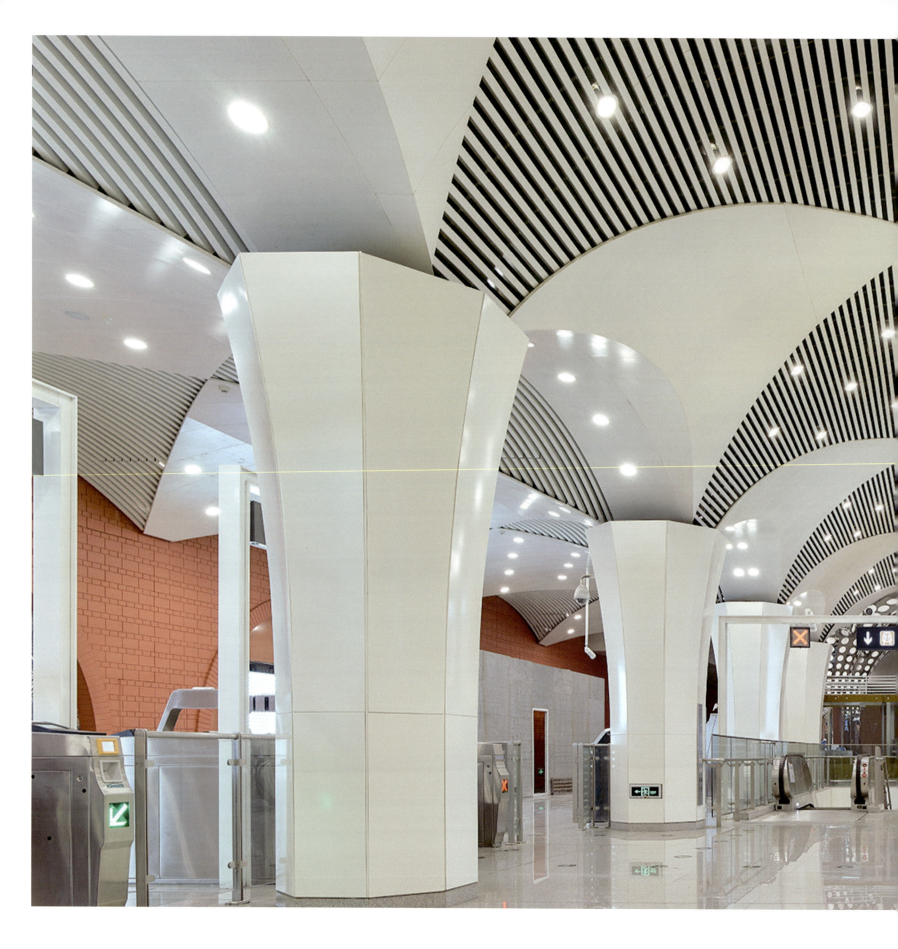

北京地铁公共艺术(2018)

■ 公共艺术

创作主题为"冬",北京的冬天银装素裹,景色妖娆。冬景里尤以皇家宫囿建筑的雪景最为精彩,每到降雪,北海、颐和园都会吸引大量游客赏雪,在这些景色里以燕京八景最为著名。燕京八景有些尚在,有些随着城市建设的发展,已经消失了,如金台夕照、玉泉趵突等。以前对于燕京八景的记载仅停留在诗句或者国画作品之中,而在杨庄站的燕京八景创作中,作者在搜集了大量一手材料的基础之上,运用色彩丰富的马赛克细料材料进行创作。每一幅图都是用细小的、颜色分明的色块谱写着赞颂北京冬景的乐章。

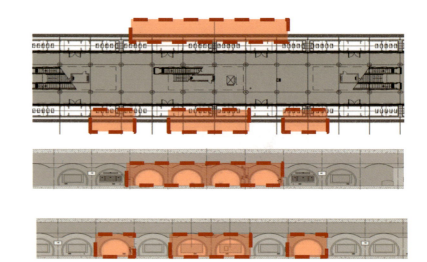

空间位置

《燕京八景》

创作单位: 中央民族大学美术学院
组织单位: 北京科瑞迪国际文化传播有限公司
作　　者: 芮法彬　中央民族大学美术学院院长
　　　　　　何　威　中央民族大学美术学院环艺系主任
作品材料: 彩色马赛克镶嵌
作品尺寸: 8.5m×4.2m　8块
设计说明: 燕京八景有很多种版本,流传最广的是清乾隆十六年(1751年)御定的八景:太液秋风、琼岛春阴、金台夕照、蓟门烟树、西山晴雪、玉泉趵突、卢沟晓月、居庸叠翠。实际上燕京八景的每一处景致,都有一段历史典故、传说,让人们从不同的角度去观察、欣赏、赞颂秀美的北京古都风貌。

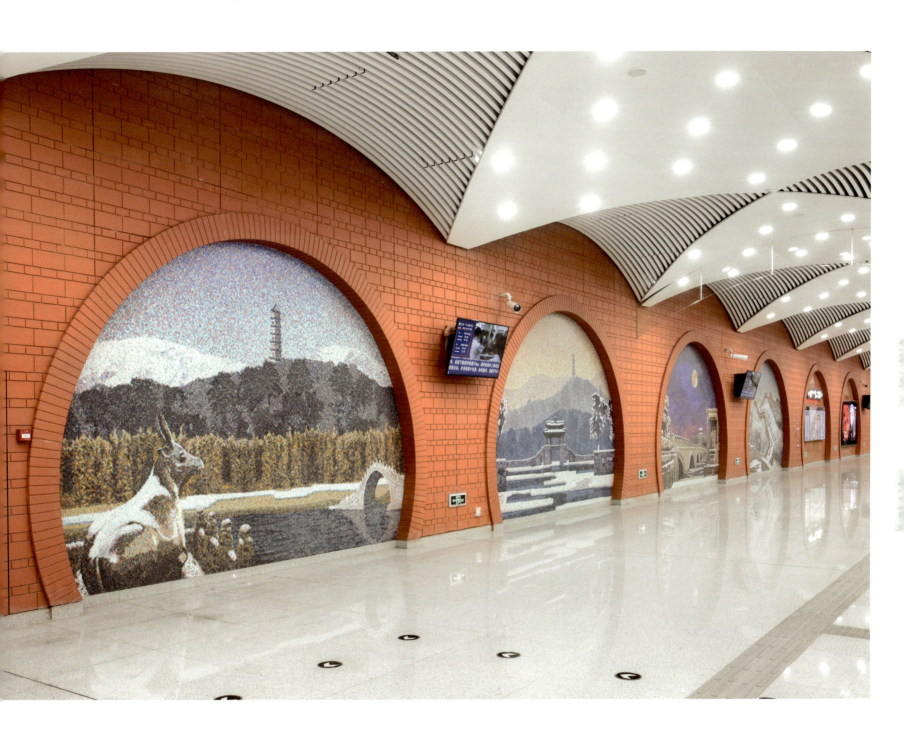

北京地铁6号线西延工程

METRO STATION
金安桥站

金安桥站主体位于金鼎西街、北辛安路和阜石路交叉路口。未来可与S1线、M11线换乘。两柱三跨，明挖装配式地下两层车站。东北侧为高层住宅的金顶街五区，临街多为住宅；东南侧为老式居民区，西南侧为首钢旧址（现为冬奥会组委会所在地），西北侧为铸造厂。周边规划主要以创业园区、商业和住宅用地为主。

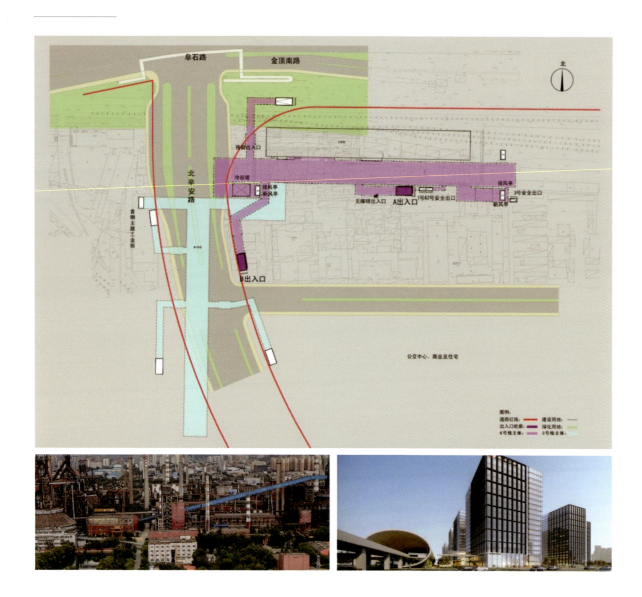

车站概况

该站为两柱三跨局部装配式明挖车站,地下二层结构,地下一层为站厅层,地下二层为站台层。站台宽度为14m,有效站台长度为158m,总长为342m。其中车站南侧与周边地块一体化结合。

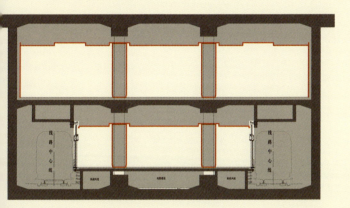

横剖面图

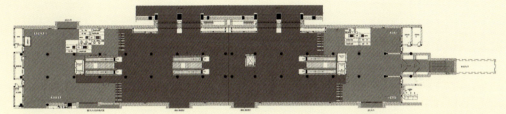

站厅平面图

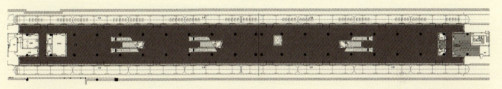

站台平面图

纵剖面图

■ **公共区装修**

　　金安桥站毗邻首钢特色产业园区等创新产业基地，作为一个由传统工业向创新产业过渡的重点节点，在历史的发展进程中起到了重要的作用。为了既体现出老首钢的工业历史，又体现出创新产业的未来。本方案大部分天花采用了虚与实的处理形式，整体天花通过设备裸露的时代工业感和现代造型气息的铝板，营造出首钢的历史记忆，体现历史与未来的激情碰撞！

① 车站效果图
② 车站效果图
③ 站厅实景照片

北京地铁6号线西延工程

■ 公共艺术

创作团队在对站内空间进行了多次设计研讨之后，延续站点空间装修设计形式，最终确定了方案《寄情冬奥》，这幅作品的关键是整体半圆造型的层次关系及7组人物的造型刻画，经过与加工厂的多次交流沟通后，最终把整个画面分为前中后三个层次，背景部分运用图形化的设计形式，着重表现首钢元素的地形背景，中间层次则是运用了彩色飘带来表现冰雪项目中的运动轨迹，最外层的人物运用了金属腐蚀的工艺来刻画人物细节。随着作品一层一层地叠加，最终完成了整幅画面的设计制作安装。

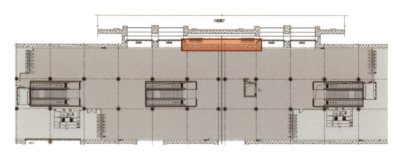

空间位置

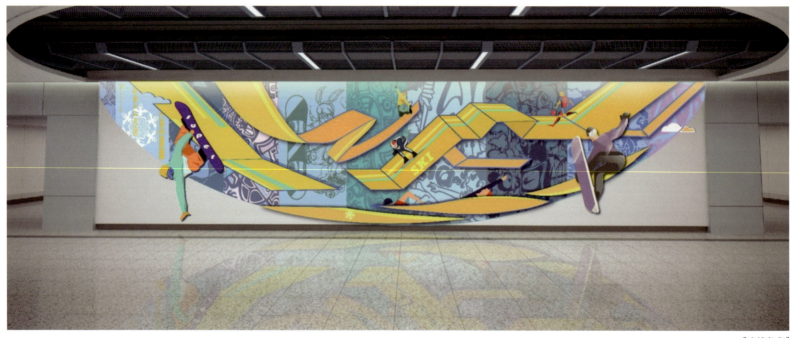

《寄情冬奥》

创作单位：中央美术学院
组织单位：北京央美城市公共艺术院
作　　者：郭立明、张楠
作品材料：金属雕刻、腐蚀
作品尺寸：16m×3.85m
设计说明：2008年，北京奥运的圣火在期盼中点燃，中国人圆了百年奥运梦。北京奥运惊艳了全世界，让世界看到一个更开放、更奋进的中国。
　　　　　十年后的2018年，冬奥会正式进入"北京时间"，一座城市，两段奥运情。未来，更加开放的中国又将带给世界什么样的惊喜？

PROCESS SCHEME
公共区装修设计过程方案

■ **标准站过程方案**

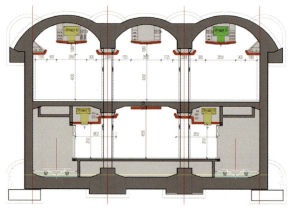

方案构思： 集约处理综合管线的空间排布，充分体现土建结构特点。局部区域空间挑高或放松处理，使站内空间更具有层次感和趣味性。

站厅： 充分利用土建暗挖空间，吊顶挑高，局部顶面结构外露，放松处理。灯具、墙面的横向变化韵律突显"廊之韵"。楼梯口柱面颜色变化，增强客流的引导性。

站台：中跨吊顶挑高，局部顶面结构外露，放松处理。两侧设备集中区域采用铝方通，方便施工及维护。柱面颜色变化，增强车站识别性。

通道：天花采用混凝土裸露刷涂料，局部为金属网板材质，以提升空间效果，同时利于后期施工及维护。

金安桥站过程方案

方案构思： 引用金安桥站"桥"的字面含义作为设计元素切入点，将钢架桥结构形式进行艺术化处理，同时与车站装配式结构特色相结合，体现"工业"设计主题。

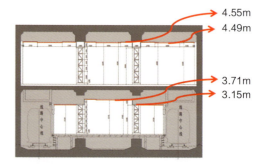

3 GROUND BUILDINGS

地面附属建筑设计

北京地铁6号线西延工程

■ 设计理念

京城连廊之活力西延——延展一期手法，表达活力西延

6号线西延在建筑风格上延续了一期"京城连廊"的设计构思，整条线路体现出连续、传承、延展的特点。既满足交通功能需求，又符合北京端庄、大气的城市特征，还与沿线周边街道环境实现融合与协调，并且安全、通透、统一、易识别和维护。

| 西段出入口 | 老城区出入口 | 东段出入口 |

简洁、现代、统一、融合

充分考虑北京城市特质及沿线环境特性，考虑整条线路的完整性和统一性。出入口尺寸不宜过大，形式应该端正、简洁、通透、标准，并易与环境融合。

■ 标准口方案

1.方案特点：符合简洁、现代、统一、融合的主导风格，延续一期出入口标准站的基本形式及造型进行优化。采用混凝土结构体系，利于施工及后期维护；立面采用竖向分隔玻璃＋暖色系丝网印的幕墙，结合红色贴砖与深灰色石材基座，简洁、通透，体现出西延区域的活力与现代。

2.适用车站：六个站均适用。

■ 出入口带风机房方案

1.方案特点：风机房部分采用灰色百叶处理手法，百叶竖向分隔与玻璃的分隔方式一致。

2.适用车站：六个车站中带风机房的出入口。

■ 侧出口方案

1.方案特点：在标准口的基础上强化客流引导，并满足安全疏散要求。

2.适用车站：田村站、杨庄站中的侧出口。

实景照片

■ 廖公庄站结合景观场地出入口

方案设计理念： 廖公庄站A出入口位于桥区台地上，与主路垂直距离达2m以上，为了方便步行和非机动车乘客进入该出入口，将桥区挡墙进行了景观台阶处理，增加了绿化和休憩空间，同时设置自行车长坡道，使自行车能就近停放，打造更加人性化的出入口周边环境。

实景照片

■ 田村站个性口方案

方案设计理念： 6号线西延出入口地面附属设计除满足交通功能外，更加重视轨道交通与其他城市公共交通的无缝接驳，重视各功能、环境和空间的整合，从城市和市民的角度出发，通过出入口与周边商业建筑的连通和整合，绿地停车场、景观广场、出入口风雨连廊的设置，打造交通出行与城市生活的第三空间。

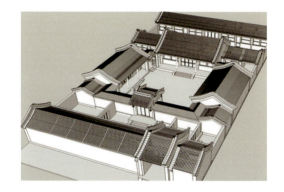

设计方案

实景照片

图片来自《北京日报》

■ **垂直电梯、安全出口、风机房整合方案**

整合相邻的地面附属建筑进行设计,保持建筑整体造型协调统一。

■ 敞口风亭/高风亭方案

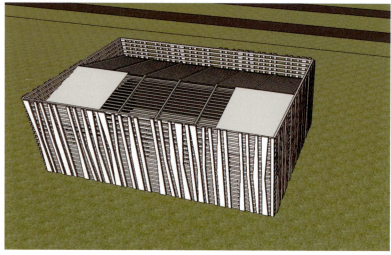

　　高风亭采用混凝土结构体系，立面采用抽象树干肌理与通风百叶结合的形式，与绿地环境充分融合。

6座车站中，5座车站实现了站城一体化设计

6号线西延是北京目前车站一体化比率最高的线路。不仅实现了车站与新建地块的一体化，还实现了与既有地块改造的一体化设计建设，对北京轨道交通一体化设计建设起到了示范和引领作用。6号线西延以打造融合交通、功能、空间、信息、文化一体的新型城市空间，创造北京交通空间的新面貌为一体化设计理念，通过对慢行、机动车、公交、地铁等交通系统的高效衔接，把乘车、换乘、停靠、休息、生活、交流、娱乐等城市生活功能进行整合，同时将地下、地面、空中城市空间进行优化，以地铁车站为核心，体现北京的宜居与文化精神。

田村站与既有地块建筑的一体化改造

田村站与新建地块建筑的一体化设计

西黄村站一体化效果图

杨庄站一体化效果图

苹果园站一体化效果图

- 北京地铁 8 号线南段工程概述
- 公共区装修及公共艺术
- 地面附属建筑设计

PART II

北京地铁
8号线
南段工程

1 PROJECT OVERVIEW

北京地铁 8 号线南段工程概述

■ **线路概况**

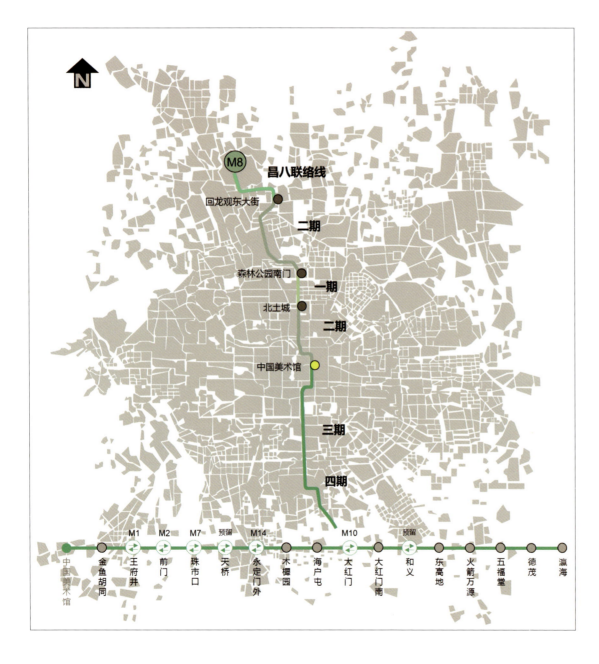

8号线全线

北京地铁8号线贯穿北京市南北中轴线,与已建成的4号线、5号线平行,既服务于中心城区又服务于外围新城。

8号线一期(已建)原为奥运支线,南起北土城站北至森林公园南门站。

8号线二期(已建)分南北两端,北段南起林萃桥站北至回龙观东大街站,后又开通昌八联络线;南段北起安华桥站南至中国美术馆站。

8号线三期2018年底南段通车。

8号线四期2018年底通车。

8号线三期、四期

主要沿南中轴由北向南敷设,经过了东城区、丰台区、大兴区三个区,北起中国美术馆站与二期相连接,向南经王府井大街、前门东大街、南中轴路最终到达大兴区瀛海站;线路全长20.625km,设站16座,其中8号线三期14座车站均为地下站,四期2座车站均为高架站。全线共有换乘站5座,分别为王府井站(与既有1号线换乘)、前门站(与既有2号线换乘)、珠市口站(与既有7号线换乘)、永定门外站(与既有14号线换乘)、大红门站(与既有10号线换乘)。

站体分析

必然性部分：建筑及环境条件

合理利用建筑空间
配合优化结构布局
专项研究换乘站

站名	站体形式	换乘衔接	站厅平面	站台平面	柱子形式	剖面及吊顶	吊顶标高(m)	结构标高(m)	预留情况	备注
金鱼胡同	双柱岛式	无			1200圆		站厅：5.65(中)，5.15(边) 站台：4.50(中)，3.15(边)	站厅：6.80高 站台：4.55	乐天银泰百货预留	
王府井	双柱岛式	M1线换乘（通道换乘）			1200圆		站厅：5.80(中)，5.29(边) 站台：4.50(中)，3.15(边)	站厅：6.80高 站台：4.66	东方广场商业预留	
前门	双柱岛式	M2线换乘（换乘厅换乘）			1200圆		站厅：4.65(中)，3.40(边) 站台：4.60(中)，3.40(边)	站厅：4.90 站台：4.85	无	
珠市口	双柱岛式	M7线换乘（通道换乘）			1300×1000		站厅：5.50(中)，3.75(边) 站台：4.50(中)，3.15(边)	站厅：5.75 站台：4.70	无	
天桥	双柱岛式	与远期规划线换乘			1300×1000		站厅：4.65(中)，3.30(边) 站台：4.50(中)，3.15(边)	站厅：4.85 站台：4.70	天桥演艺园预留	
永定门外	双柱岛式	M14线换乘（通道换乘）			1650×1100		站厅：5.00(中)，3.20(边) 站台：5.00(中)，3.50(边)	站厅：5.30 站台：5.70	无	
木樨园	双柱岛式	无			1200圆		站厅：6.13(中)，5.08(边) 站台：4.32(中)，3.15(边)	站厅：6.65高 站台：4.55	百荣世贸商城预留	
海户屯	双柱岛式	无			1600×1000		站厅：5.60(中)，4.10(边) 站台：4.35(中)，3.00(边)	站厅：5.70 站台：4.55	无	
大红门	双柱岛式	M10线换乘（通道换乘）			1300×1000		站厅：4.50(中)，4.15(边) 站台：3.50(中)，3.15(边)	站厅：6.35高 站台：5.15	无	吊顶受管线条件制约

续表

站名	站体形式	换乘衔接	站厅平面	站台平面	柱子形式	剖面及吊顶	吊顶标高（m）	结构标高（m）	预留情况	备注
大红门南	双柱岛式	无			1200		站厅：5.40(中)，4.75(边) 站台：4.38(中)，3.60(边)	站厅：5.90高 站台：4.55	无	
和义	双柱岛式	与远期规划线换乘			1300×1100		站厅：4.40(中)，3.20(边) 站台：4.05(中)，3.00(边)	站厅：4.90 站台：4.55	无	
东高地	双柱岛式端厅	无			1300×1000		站厅：5.30(中)，3.20(边) 站台：4.05(中)，3.00(边)	站厅：5.80高 站台：4.55	无	
火箭万源	双柱岛式	无			1100		站厅：5.50(中)，4.50(边) 站台：4.05(中)，3.20(边)	站厅：6.60高 站台：4.50	集散广场	
五福堂	双柱岛式	无			1500×1000		站厅：4.40(中)，3.20(边) 站台：4.05(中)，3.00(边)	站厅：4.90 站台：4.55	无	
德茂	岛式高架	无			1500×1100		站厅：3.20 站台：4.85	站厅：3.81 站台：6.40	无	
瀛海	岛式高架	无			1200×1200		站厅：3.24 站台：3.45	站厅：4.26 站台：6.40	无	

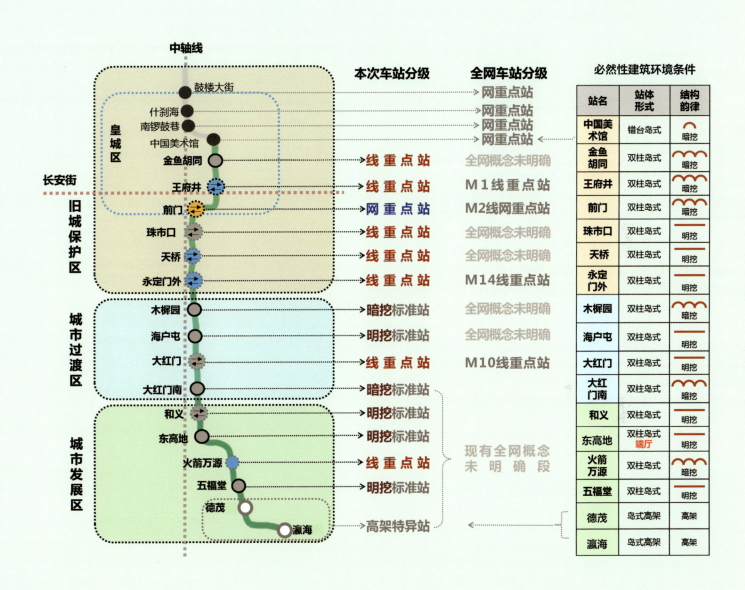

北京地铁8号线南段工程

② DESIGN

公共区装修及公共艺术

北京地铁8号线南段工程

CONCEPT DESIGN
公共区装修
概念设计

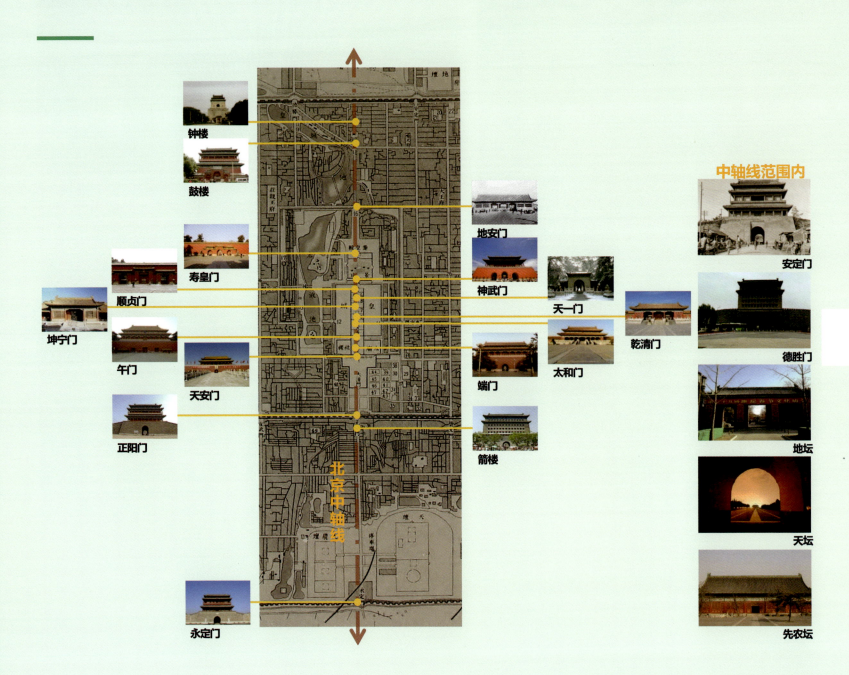

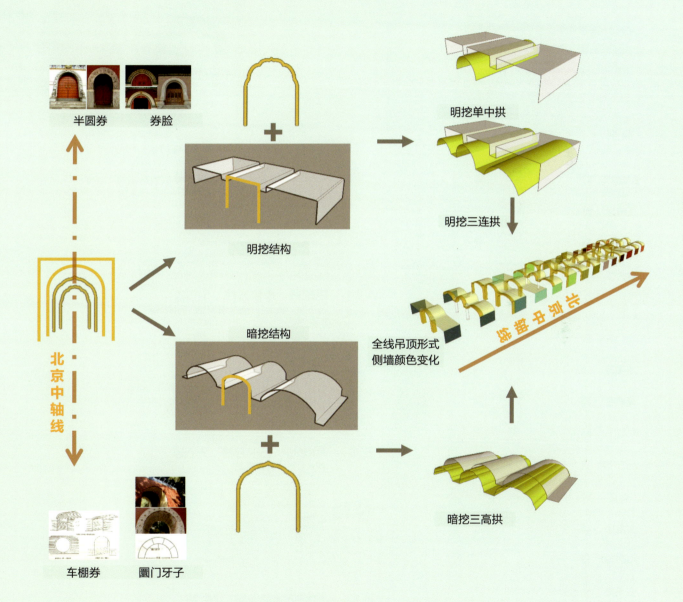

北京地铁8号线南段工程

■ 设计原则

满足交通建筑基本功能。

从结构形式入手释放最大空间。

体现地面环境文化因素。

以"门"的形象创意体现和延续"中轴"概念。

以北京彩灰色系为基础，结合城市风貌运用装修色彩。

按车站分级规划艺术品系列。

结合通道的功能和形式提升深化设计。

进一步深化完善系统整合。

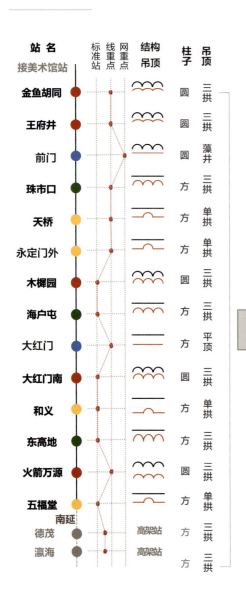

按照空间结构形式分类
（南锣鼓巷站、美术馆站为结构特殊站）

一类——暗挖站，三拱圆柱，5个站
金鱼胡同站、王府井站、木樨园站、大红门南站、火箭万源站

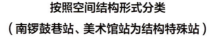

二类——明挖站，单拱方柱，5个站
天桥站、永定门外站、和义站、五福堂站、东高地站

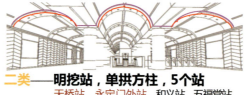

三类——明挖站，三拱方柱，2个站
珠市口站、海户屯站

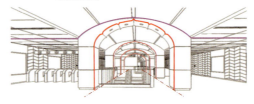

四类——结构空间特殊站，2个站
前门站、大红门站

五类——高架站，2个站
德茂站、瀛海站

■ 装修重点区设置

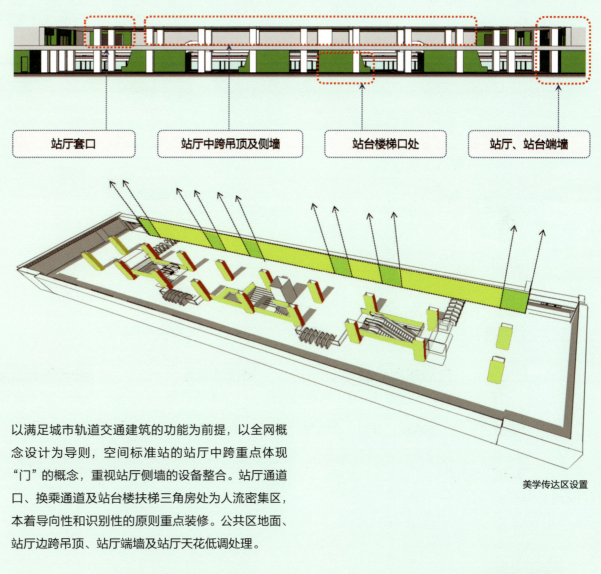

站厅套口　站厅中跨吊顶及侧墙　站台楼梯口处　站厅、站台端墙

美学传达区设置

以满足城市轨道交通建筑的功能为前提，以全网概念设计为导则，空间标准站的站厅中跨重点体现"门"的概念，重视站厅侧墙的设备整合。站厅通道口、换乘通道及站台楼扶梯三角房处为人流密集区，本着导向性和识别性的原则重点装修。公共区地面、站厅边跨吊顶、站厅端墙及站厅天花低调处理。

美学传达区为装修设计的完整界面，能够充分体现设计风格。
重点站：艺术品的装修化处理
标准站：装修的艺术品化处理
特型站：结构形式的艺术化处理

美学传达区图例：
- 装修重点区
- 色彩体现区
- 造型体现区
- 设备整合区

■ 色彩原则

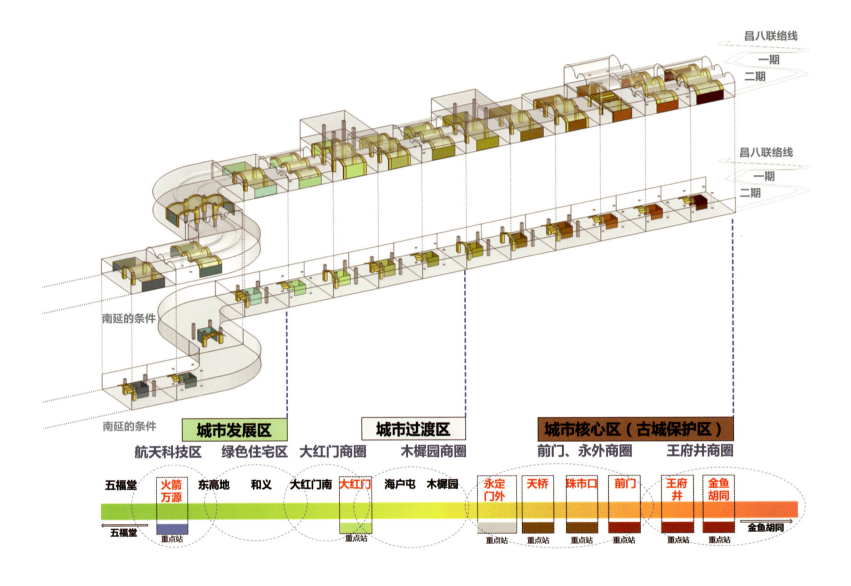

以永定门外为分界线北端向代表"新中国"的红色系过渡，南端向新型发展的绿色系过渡。

色彩选择

王府井：映射长安街传统色彩。

天　桥：映射天桥演绎区，体现老北京市井文化色彩。

木樨园：映射木樨园地区地名的由来，体现现代的商业色彩。

火箭万源：映射火箭万源面域航空领域业态色彩。

■ 换乘关系

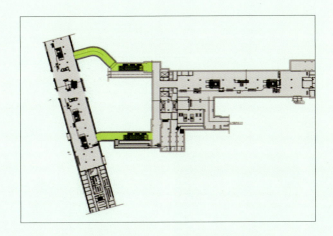

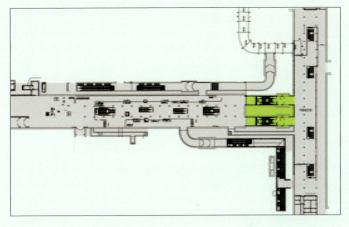

A 通过独立换乘空间换乘

珠市口、永定门外、和义、大红门

独立换乘通道将两条线空间清晰分开，可做一个中性空间明确划分换乘关系。

B 通过交通核直接换乘

王府井、天桥

通过楼扶梯直接厅对厅换乘其他线路，充分考虑老线装修风格弱化处理。

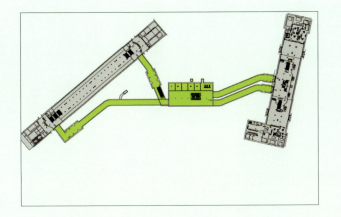

C 通过公用厅换乘

前门

通过共享厅分别到达或两线换乘，装修风格独立处理。

重视换乘通道，运用不对称的装修设计手法，将沉闷压抑的狭长封闭空间营造为有"窗口"感的氛围空间，将空间内复杂的功能性要素最大限度集中于"单一"窗口界面。
1. 降低了工程及运维复杂性。
2. 将商业性元素进一步合理化。增强了换乘通道的导向性，减轻狭长通道给人带来的压抑感。

通道口

门饰调研

本期线路概念为"门中观轴",在概念的基础上,深入"门"的细节,抓住传统木门上的铺首、门环、门钉、门神。在公共区通道入口处,加入门的细节,让主题更生动,更公众化。

在古建筑里,门钉只在板门上使用,门钉的数量和排列,在清朝以前未有规定。清朝则对门钉的使用有一定之规。通常皇家竖九路、横九路,王府七路乘七路,亲王七路乘九路,再往下就是五路乘五路。

正阳门城楼的九行九列八十一颗铜门钉 | 亲王府,门钉纵九横七,六十三颗铜门钉 | 郡王府的门钉,纵横皆七,四十九颗铜门钉 | 侯以下至男递减至五五 | 普通住宅大门 | 普通住宅大门

铺首,俗称"门环"。准确地讲,铺首只是门环底座,铺首衔环才是一个完整的门环。如同门簪是用来固定大门,门钉是用来固定门板一样,门环是用来开关大门和叩门的,为一种实用物件。古代统治阶级对民居门环有很明确的等级规定。明史记载:"亲王府四城正门以丹漆金钉铜环;公王府大门绿油铜环;百官第中公侯门用金漆兽面锡环;一二品官门绿油兽面锡环;三至五品官门黑油锡环;六至九品官门黑油铁环……"

丹漆金钉铜环 | 绿油铜环 | 金漆兽面锡环 | 黑油锡环 | 普通住宅六角门环

门神是农历新年贴于门上的一种画类。作为道教和汉族民间共同信仰的守卫门户的神灵,人们都将其神像贴于门上,用以驱邪辟鬼、卫家宅、保平安、助功利、降吉祥等,是汉族民间最受人们欢迎的保护神之一。

■ 门饰应用

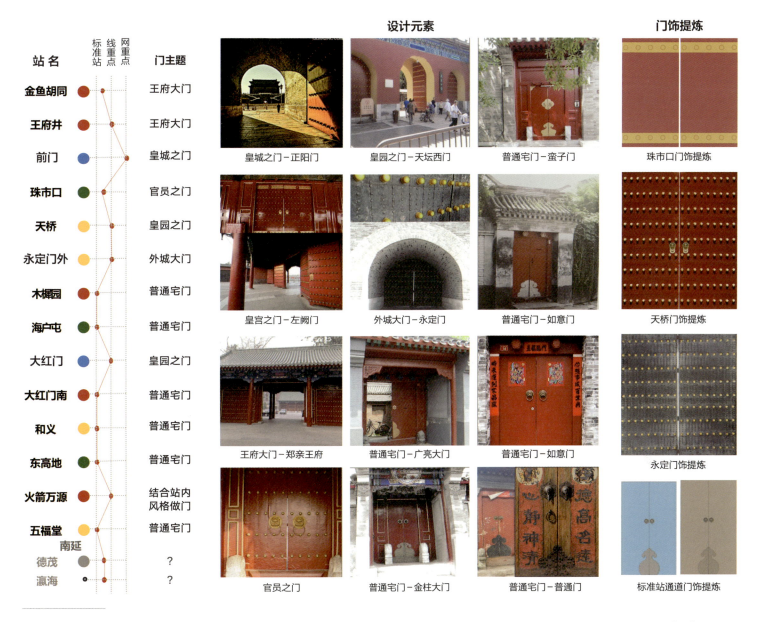

《漫话燕京》：连大门上的门钉全分等级。皇宫城门上的门钉，每扇门九排，一排九个，一共九九八十一个。在古代呀，"九"是最大的阳数，象"天"，所以，皇宫的门钉，是九九八十一个。哎，唯独东华门的门钉少一排，是八九七十二个。为什么呢？那时候，文武百官上朝都走东华门，这门是给文武官员准备的，所以少九个门钉，剩七十二个啦。王府的门钉是七九六十三个；公侯，四十九个；官员，二十五个……到咱们老百姓家，一个不个！不信？您考察呀，只要不是官府，多阔的财主——磨砖对缝影壁，朱漆广亮大门，那门上一个门钉没有！要不怎么管平民百姓叫"白丁儿"呢，哎，就从这留下的！

"白丁"云云，逗乐而已。门钉数目体现着等级观念，是不错的。清代规定，九路门钉只有宫殿可以饰用，亲王府用七路，世子府用五路。宫门饰九九八十一颗钉，因为"九"是最大的阳数，《易·乾》有"九五，飞龙在天"，古代以"九五之尊"称指帝王之位。

■ 通道口方案设计

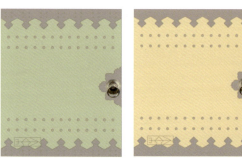

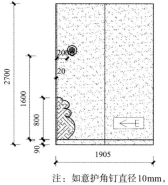

注：如意护角钉直径10mm，间距50mm，均分布置。

大红门桥

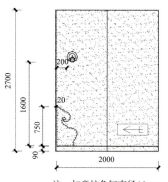

注：如意护角钉直径10mm，间距50mm，均分布置。

西洼地

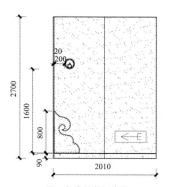

注：如意护角钉直径10mm，间距50mm，均分布置。

和义

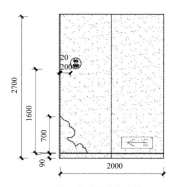

注：如意护角钉直径10mm，间距50mm，均分布置。

五福堂

■ 通道口及通道现场照片

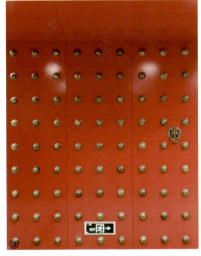

① 通道口现场照片
② 弧形通道现场照片
③ 通道口"门"的元素应用

METRO STATION
中国美术馆站

中国美术馆站是8号线二期工程的终点站。车站位于美术馆东街、王府井大街、五四大街、东四西大街四条街十字交叉路口处，沿美术馆东街、王府井大街呈南北布置。车站西北角为中国美术馆，街角为约4000m²的市政绿地；东北角为民航计算机业务大楼及民航总局；东南角为华侨大厦。

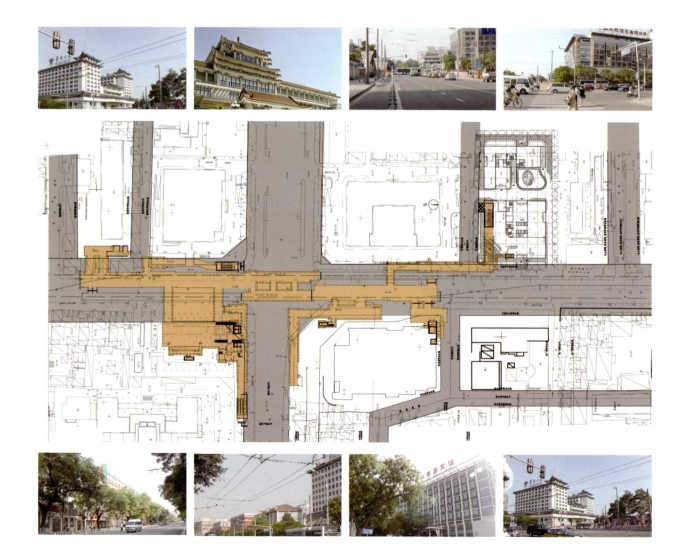

车站概况

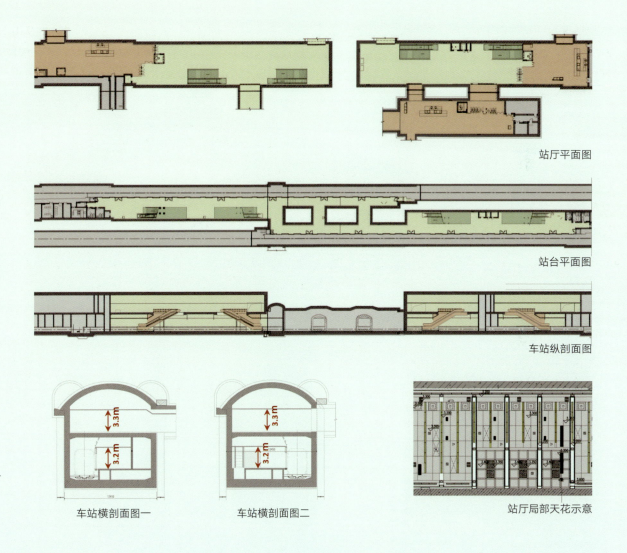

站厅平面图

站台平面图

车站纵剖面图

车站横剖面图一

车站横剖面图二

站厅局部天花示意

中国美术馆站为两端暗挖双层，中间暗挖单层。车站北端设有单渡线，南端设有折返线。车站主体设置两个外挂区域，分别为西北三层盖挖区域及西南单层外挂区域。

■ 公共区装修

中国美术馆是国家顶级艺术殿堂，并将逐步转变成北京美术馆。作为新中国十大建筑之一，在现代建筑史上地位举足轻重。车站公共区室内装修设计立足于全网概念中全网重点站设计原则，从中式新古典主义建筑风格入手，提取美术馆建筑构件符号，并按其立面分割比例划分室内空间界面，营造醇美的展示感空间，并以整墙大幅面壁画作为空间性格元素，形成中心亮点。

① 站厅楼梯口效果图
② 站厅付费区效果图
③ 侧式站台效果图

① 站厅付费区现场照片
② 站厅楼梯口现场照片
③ 楼梯口仰视现场照片

北京地铁8号线南段工程 ■ 143

■ 公共艺术

建设单位： 北京轨道交通建设管理有限公司
监制单位： 北京城市雕塑建设管理办公室
组织单位： 北京央美城市公共艺术院
作品作者： 黄公望（元代）
工艺材质： 高温艺术瓷板画
规格尺寸： 24000mm×3200mm
制作单位： 广州绿屋建筑科技工程有限公司
完成时间： 2018年

中国美术馆站——《富春山居图》

设计师们通过瓷板画的方式，复制了被誉为"中国十大传世名画"的《富春山居图》。临近地铁开通，这幅画终于烧制完成并镶入了中国美术馆地铁站的墙壁上。慢工出细活，这幅地铁壁画从寻找底稿到烧制，前后历经了6年多的时间。

◎ **北京地铁站首绘传世古画**

地铁8号线中国美术馆站A口，距离中国美术馆只有10m。从这里搭电梯进入车站，远远就能看到《富春山居图》。长长的画卷四周打着光，犹如步入了艺术殿堂。

"北京地铁站壁画很多都是由设计师原创的，但中国美术馆站的艺术品得与众不同，更要体现艺术水准。"中央美院老师们就开始冥思苦想到底该为美术馆站配哪幅艺术品。

《富春山居图》的胜出，因其不可超越的历史地位。此图是元代画家黄公望创作的纸本绘画，是"中国十大传世名画"之一，又堪称"画中之兰亭"。于是，早在2012年，设计团队就敲定采用"镇得住场"的传世名画《富春山居图》。这也是北京地铁站第一次完整再现传世古画。

但寻找足够清晰的底稿格外艰难。这幅作品绘成至今已有600多年。几经易手，还因"焚画殉葬"而身首两段，分别收藏于浙江省博物馆和台北故宫博物院。

"并不是简单的复制粘贴，作品要放大到可在地铁站展出的比例，对像素的要求极高；同时，还要尽可能贴近真迹。"几经周转，终于在北京举办的一次影像展览上看到了最合适的《富春山居图》影印版本。随即，他们特意飞往台北，对比影印版本与真迹，经过尺寸、颜色等细节上的反复考量，才终于确定了这一版是最清晰也是最贴近原作的。

◎ 放大三四倍仍保留原作神韵

今天保留下来的《富春山居图》原作前后两段加起来6m多长，宽度也在30cm以上。而在美术馆地铁站的这幅瓷板画，长度达到了24m，宽度也有1.2m。为了符合地铁艺术品的观赏特点，瓷板画相当于把原作放大了三四倍。

但这放大的不是普通的绘画作品，而是流传了600多年的中国山水画。画面用墨淡雅，山和水的布置疏密得当，墨色浓淡干湿并用，极富于变化。

"这意味着古画的所有细节都放大了三四倍。一旦有些瑕疵，也就格外明显。"北京市轨道交通建设管理有限公司地铁艺术品负责人李亚铁说。此外，画中的高山、树木，甚至是石头，都可能因为放大而变形、变色。

如何避免这些问题？如何让作品的细节禁得起放大的考验？

设计师们以电脑修图的方式从左到右逐一修复几百处细节。修复后，还要迅速制成瓷板画小样，对着原作参考，从而使放大后的作品更贴近真迹。

◎ 烧制4次还原层叠山川

在不计其数的修复还原后，24m长、1.2m宽的《富春山居图》终于亮相。很快，这幅作品被送到了广东佛山，仿照此画烧制瓷板画。

瓷板画就是在瓷板上绘画，上釉后再经高温烧制而成。每次烧制过程都是在1280℃下完成的，因此瓷板画不会轻易褪色。

为了选择制作厂商，制作团队跑了山东、江西等五六个地方，最终选择了佛山的厂家。这家厂烧制的样板效果最好，此前也烧制过《千里江山图》的瓷板画。

最终挂进地铁中国美术馆站的《富春山居图》瓷板画前后烧制4次：第一次，只画了框架，上釉烧制24小时；第二次，画上了山、树、水等主要景观，再烧24小时；第三次，渲染颜色；第四次，参照原作，在笔墨着重之处再次渲染颜色。经过这4次烧制，才最终完成。

METRO STATION
珠市口站

珠市口位于北京前门外，旧时这里是外城最热闹的地方之一，由于它正好处于南北中轴线与东西珠市口大街交叉处，人来车往，十分繁华。最初由于在这里出现了买卖生猪的交易市场而称"猪市口"。到了清代，为了雅化这儿的地名，故把猪市口改为"珠市口"。

现在珠市口主要标志建筑是珠市口堂，北京基督教会珠市口堂位于广安大街和前门外大街两条繁华路段的接合处，始建于1904年，是1900年以后美国卫理公会开设的八座教堂的第一座，与其他教堂不同的是，珠市口堂从建堂一开始就有中国牧师主持，1921年该堂进行了扩建，基本形成了今天珠市口教堂三层的建筑格局，它是哥特式建筑的突出代表。

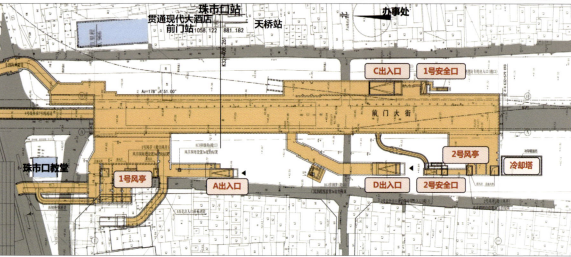

■ **车站概况**

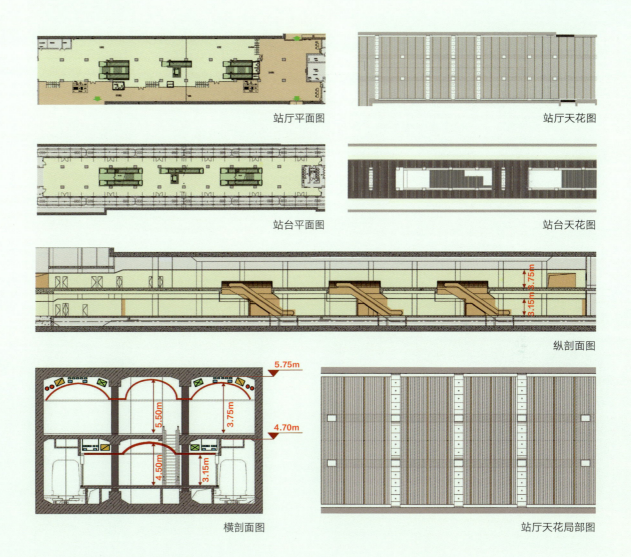

站厅平面图

站厅天花图

站台平面图

站台天花图

纵剖面图

横剖面图

站厅天花局部图

珠市口站为换乘车站,与既有7号线珠市口站通道换乘。8号线珠市口站为地下两层明挖14m岛式站台车站,双柱三跨,车站地下一层为站厅层和设备用房,地下二层为站台层;站厅结构高度5.75m,站台结构高度4.7m。

■ 公共区装修

珠市口站站厅结构空间条件较好，站厅吊顶采用三连拱的形式，在楼梯口处运用墙、顶、柱连续的手法重点体现"门中观轴"的线路概念，通道口处加入门的细节，让主题更生动、更公众化。

① 站厅中跨效果图
② 站厅侧跨效果图
③ 站台楼梯口效果图
④ 站台中跨效果图

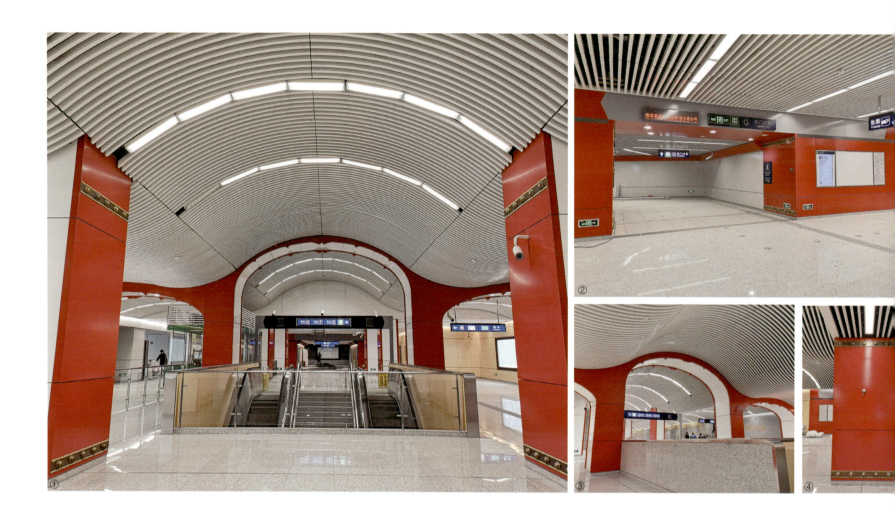

① 站厅中跨现场照片
② 通道口现场照片
③ 站厅楼梯口"门"的元素应用现场照片
④ 站厅柱子"门"的元素应用现场照片
⑤ 站厅弧形吊顶现场照片

■ 公共艺术

　　该作品设计主要运用了老北京建筑和旧时商业街店铺幌子的元素，作品名为"流金岁月"，即是对旧城昔日繁华的怀念。随着北京这些年的高速建设，城市面貌越来越现代化，在极大改善了生活环境的同时，传统老北京胡同景象却离我们越来越远。我是地道的北京人，从小在胡同里长大，也常听长辈们谈一些老北京的事，作品的初衷就是由此而来。

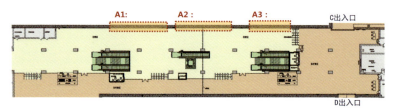

空间位置平面图

名　　称：《流金岁月》
作　　者：王超、周磊
材　　质：不锈钢、铝板
位　　置：站厅

北京地铁8号线南段工程

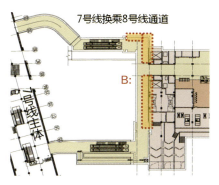

空间位置平面图

名　　称：《老城故事》
作　　者：王超、李蕊
材　　质：铝板
位　　置：7号线换乘8号线通道
设计说明：作品以记忆中的城南胡同为灵感来源，北京胡同，古老的城市小巷，烙下了人们各种社会生活的印记。漫步其中，到处都是名胜古迹，细细品味又似北京的百科全书，北京胡同里的散步，在屋檐上的猫咪，总是时不时地出现，又一闪而过，方案以几个生动的小画面，展现丰韵的老北京的生活气息，在繁忙的路上，感受首都文化。同时，作品位于珠市口站的换乘通道，人流量大，作品还兼顾一定的人流导向作用。

空间位置平面图

名　　称：《流云雨燕》
作　　者：李蕊
材　　质：玻璃马赛克
位　　置：8号线换乘7号线通道
设计说明：北京境内的鸟类中，喜欢在老宅子里筑巢的北京雨燕可能是与人距离最近的一种。从正阳门到报国寺，再到大大小小的箭楼，人们早已习惯在老北京每一座楼台外，看到这些小东西舒展双翅，遮住天空。方案以雨燕为主体，采用碎拼马赛克的设计手法，描绘彩霞流云的天空中燕子乘风飞舞的场景。作品位于换乘通道处，构图造型结合通道特点，无形中给人以方向感、引导性。

METRO STATION
天桥站

天桥在古代是明清帝王祭天时的必经之路，体意为通天之桥，故称"天桥"，天桥是平民游艺场所聚集地和商品市场，内有众多曲艺演出场所，如著名的德云社，弘扬北方的民族文化，将曲艺相声融入老百姓的生活中。老天桥另有标志性建筑四面钟，原四面钟约建于民国初年，新中国成立后被毁，于2003年复建，四面钟按原比例异地复建，重现老天桥的地标胜景，一个代表昔日浓郁人文底蕴的天桥得以象征性地保存下来。现在的天桥体现老北京丰富的生活文化色彩。

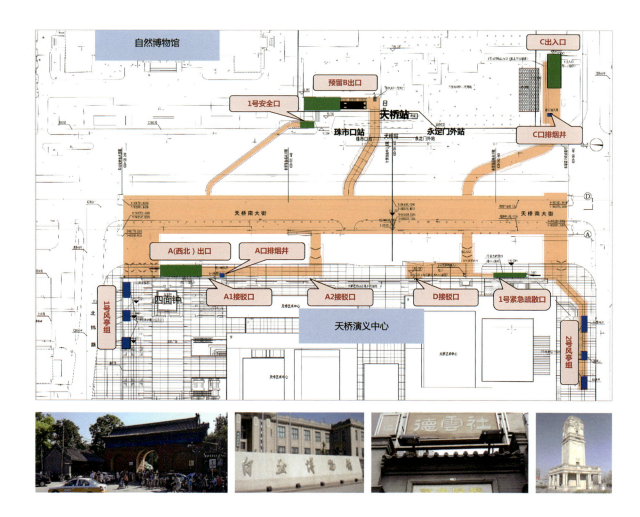

车站概况

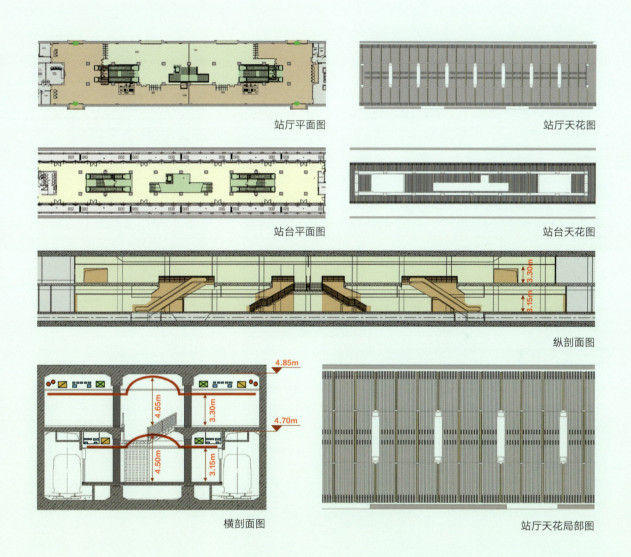

站厅平面图　站厅天花图
站台平面图　站台天花图
纵剖面图
横剖面图　站厅天花局部图

　　天桥站为地下两层明挖14m岛式站台车站，站台宽度为14m，车站地下一层为站厅层和设备用房，地下二层为站台层。站厅结构高度4.85m，站台结构高度4.7m。

■ 公共区装修

天桥站体现了"门中观轴"主题概念的重要表达方式。传统不必披红戴绿，文化并非锣鼓喧天，核心老城区的苛刻环境条件使得站内空间促狭，空间设计上，举重若轻，点到为止，信手拈来，以一当十。装修背景化，为艺术品壁画搭台。

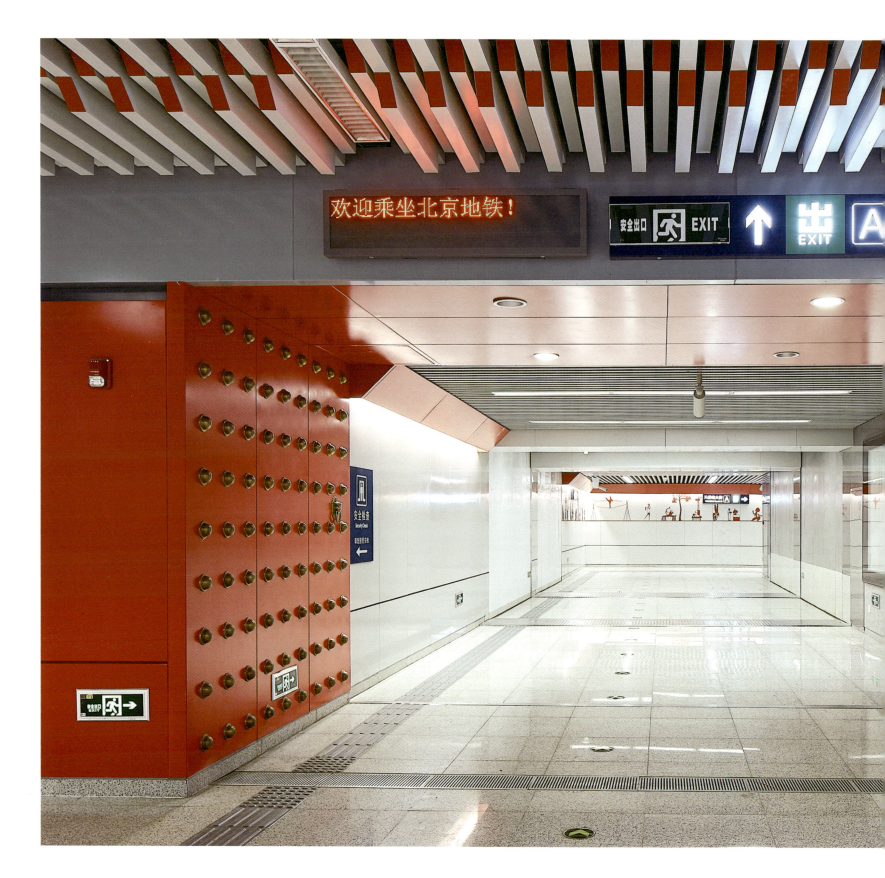

① 通道口现场照片
② 通道口"门"的元素应用

北京地铁8号线南段工程

① 站厅中跨"门中观轴"的概念体现
② 站厅侧跨现场照片

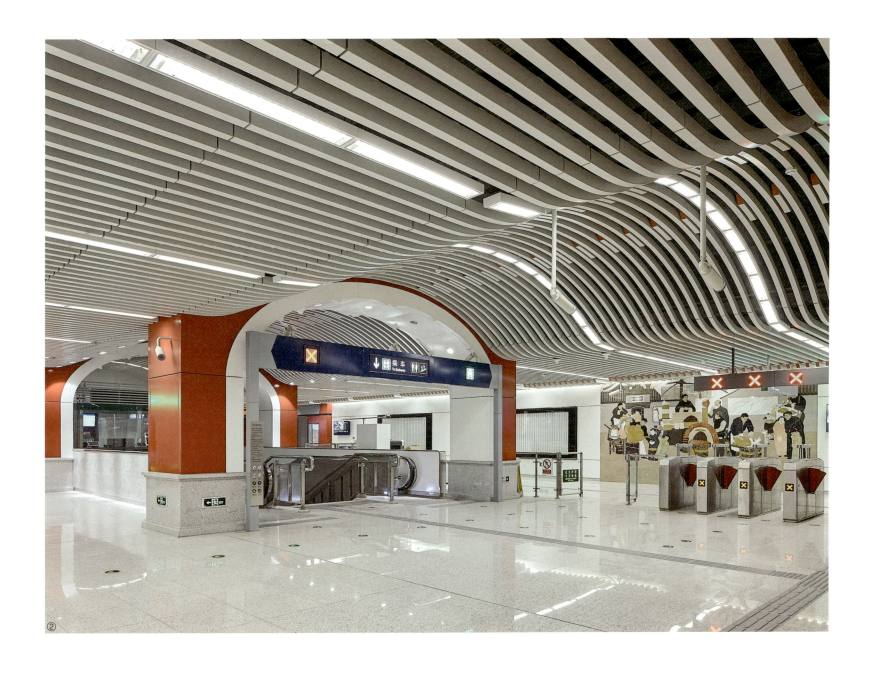

■ 公共艺术

作品名称：《天子赴祭》
作　　者：杜飞
材质工艺：漆工艺
规　　格：宽19.5m，高3.5m
作品简介：中国古代是一个靠天吃饭的农业型社会，每年皇帝以天子的身份率领群臣百官，若干次在不同时节首日，分赴天、地、日、月、先农各坛举行盛大的礼仪活动，拜求上苍及神仙，保佑天下太平、五谷丰登、国家昌盛。实则，祭祀礼仪更是朝廷向普天之下的百姓万邦展现出国家的政治和经济的意志。

壁画中"天子赴祭"的目的地为天坛，祭拜队伍出紫禁城，出正阳门，顺御道（前门大街）再入天坛，于此前必经跨龙须沟上一砖石桥梁，此桥因"天子"而过，故称之为"天子之桥"，简约俗称"天桥"。画面中先头仪仗已行进于"天桥"之上，"天子"乘坐在帐帘遮蔽的象辇之中，五彩云漂浮穿梭于天空与大地之间，随行的卤簿仪帐，庄严有序，一路前行浩浩荡荡，天、人一体金碧辉煌威仪四方。时光已进入21世纪，当代人往来于现代化的地下铁道中，面于此画前将感受到时代的变迁与穿越，进而感慨憧憬未来。

《天子赴祭》

作品置放空间的环境选择

1. 天桥站的装修风格简明、朴素，体现出设计者本源土著的设计理念是基于古代皇家与民间共生一世，繁荣天下的社稷观，为站厅内多件艺术品内容设计提供了明确的指向。
2. 作品一定要增辉于高品位的站厅内的装修设计，彰显中华历史文化的瑰丽多彩。画面内容设计协调于现场功能之许，简洁概括，力求色彩华艳雍容。
3. 作品的关注度以求偶视者随无视者可匆匆而过，有如阅兵，观其气势磅礴，一眼扫荡而过留下意味；有刻意品味者可驻足赏析。作品画面内涵与效果仅供人员相对众多的公共空间的装饰和赏阅，不具博物馆内陈列、研究考据的功能和条件。

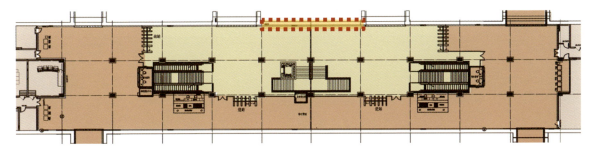

空间位置平面图

北京地铁8号线南段工程

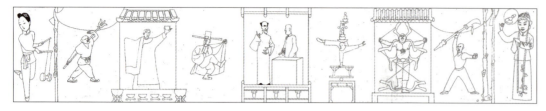
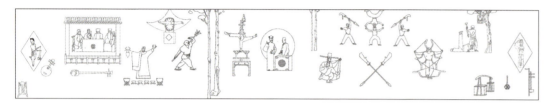

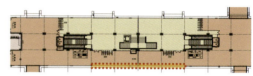

空间位置平面图

作品名称：《天桥百戏》
组织单位：中国壁画学会
作　　者：马晓腾、李晴
材质工艺：天然彩色大理石 数字水刀切割镶嵌
加工厂家：天津星硕石材有限公司
创作时间：2018年9月
作品简介：天桥旧时有许多江湖艺人在这里露天设场，学艺、卖艺、传艺与生活，鼎盛时多达五六百人，可分为杂耍艺人和说唱艺人两大类，许多因身怀绝技而家喻户晓的民间艺术家就是从这里走出来的。壁画《天桥百戏》精选了有代表性的天桥艺人的造型加以表现，追寻昔日艺人的献艺盛景。

北京地铁8号线南段工程

作品名称：《天桥小吃》
组织单位：中国壁画学会
作　　者：田鲁
材质工艺：天然彩色大理石 数字水刀切割镶嵌
加工厂家：天津星硕石材有限公司
创作时间：2018年9月
作品简介：北京的老天桥，名扬中外。天桥市场内，小吃、游艺、商业、医疗，五行八作，无所不包，集吃、喝、玩、乐、购物于一地，是广大平民活动和求生的场所，在北京民众生活中具有很大影响。《天桥小吃》壁画描绘了旧时老北京各种小吃，如艾窝窝、冰糖葫芦、炒肝、茶汤、豆汁、豆腐脑等。画面展现了老北京天桥小吃的丰富多彩。

作品名称：《天桥买卖》
组织单位： 中国壁画学会
作　　者： 何大齐、牛涛
材质工艺： 天然彩色大理石 数字水刀切割镶嵌
加工厂家： 天津星硕石材有限公司
创作时间： 2018年9月
作品简介： 天桥一直是老北京最具平民市井文化的地区，也是平民文化的乐园。天桥的商业非常繁荣，既有商店，又有摊贩，杂货品类齐全，琳琅满目。《天桥买卖》壁画描绘了各种串胡同走宅门的小买卖，他们耐心和气、吆喝悦耳、童叟无欺。画面热闹非凡，一派祥和的景象。

北京地铁8号线南段工程

作品名称：《天桥百态》
组织单位： 中国壁画学会
作　　者： 牛涛
材质工艺： 不锈钢板 数字激光切割喷漆
加工厂家： 北京市金鼎雕塑艺术有限公司
作品简介： 北京的老天桥，清末民初的南城天桥是旧京兴旺的平民娱乐场所，作品从百姓的生活常态入手，自通道入口直至站厅，将百姓生活与天桥艺人一字排开，依次呈现。
　　　　　 走街串巷的吆喝声、夕阳下的骆驼队、穿梭往来的洋车夫、嬉笑打闹的小顽童、撂地练把式的、说书唱戏唱大鼓的，一幅幅熟悉的画面递次呈现。正所谓"酒旗戏鼓天桥市，多少游人不忆家"。

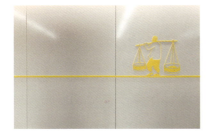

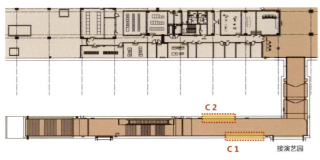

空间位置平面图

北京地铁8号线南段工程

METRO STATION
永定门外站

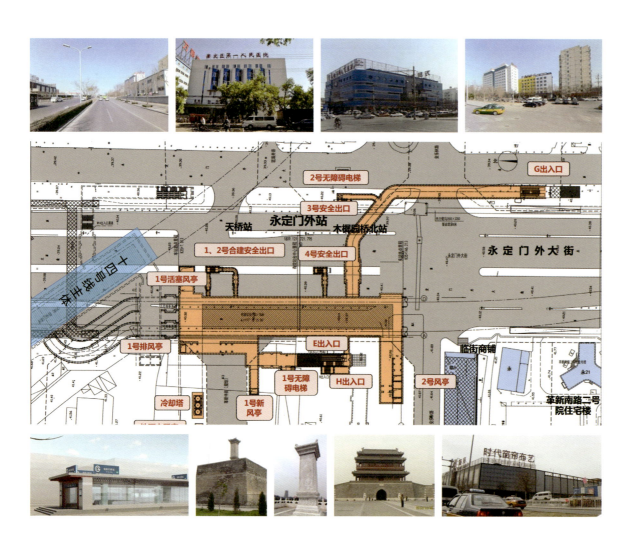

■ 车站概况

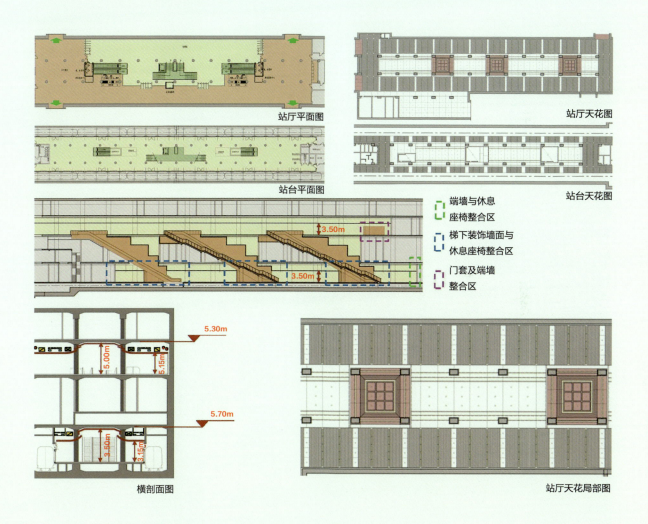

■ 公共区装修

北京的永定门经历了历史的沧桑变幻，也经历了近现代的拆而后建。伴随新中轴线的建设规划，不破不立的永定门成为了划分新中轴与老中轴的节点，自此以南，传统中轴线将焕发勃然生机。永定门外大街站正是在这样的背景下，构造出"门中望都"的城门剪影，用全新视角审视历史，眺望未来。车站装修设计与艺术品设计同步进行，相辅相成，意在地理轴线外，再加入时间轴线和人文轴线，打破地下空间维度，将人文发展与世代变迁呈现出来。通过镜面屏幕的设置，地铁车站不再是简单地满足乘车需求，而是实现乘客与车站互动。未来，更是可以通过艺术走廊和城门里的藻井，让乘客与中轴线上的重要场所，如天桥、王府井、奥体公园，甚至地球的任意地点，实现人与场所的交流互动。

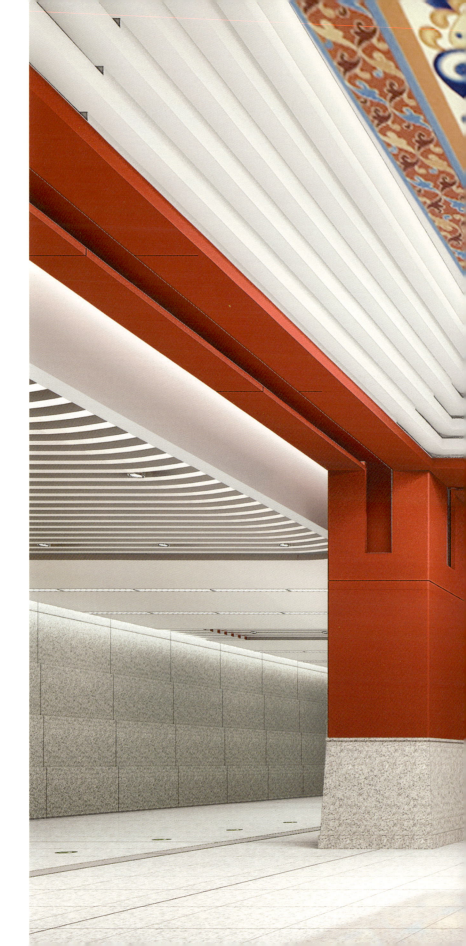

① 站厅藻井现场照片
② 站厅中跨造型柱现场照片
③ 站厅边跨现场照片
④ 站厅中跨电扶梯现场照片
⑤ 站厅LED天花显示屏现场照片
⑥ 站厅透视现场照片

■ 公共艺术

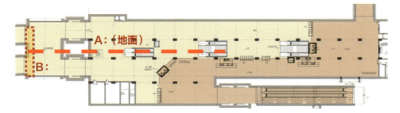

空间位置平面图

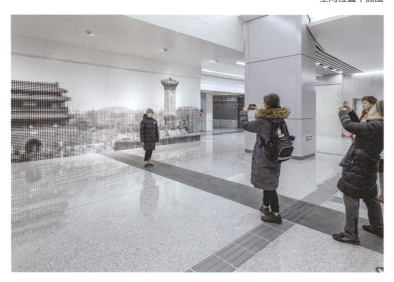

创作单位：北京敬之文化艺术有限公司
组织单位：北京敬之文化艺术有限公司
作　　者：徐恩斌、杨雪松
作品材料：金属板
作品尺寸：8m×4m
设计说明：燕墩始建于元代。据文献记载，元、明两代北京有五镇之说，南方之镇即为燕墩。因南方在"五行"中属火，故堆烽火台以应之。燕墩在元代始建时，只是一座土台，位置在大都丽正门外。

至明嘉靖三十二年(1553年)北京修筑外城时，才包砌以砖。燕墩上竖有清乾隆皇帝御制碑一座，是北京著名碑刻之一。在清朝时，燕墩成为了民间燕京八景之一——石幢燕墩，是民间燕京八景中还存在的一景，实属罕见。永定门外站正好处在永定门的西南侧、燕墩的南侧下方，作品以永定门和燕墩西南侧取景，远望燕京八景中的《石幢燕墩》。

① 站厅藻井现场照片
② 站厅藻井LED显示屏画面
③ 站厅藻井LED显示屏画面
④ 站厅藻井LED显示屏画面
⑤ 站厅藻井LED显示屏画面

空间位置平面图

创作单位：北京敬之文化艺术有限公司
组织单位：北京敬之文化艺术有限公司
作　　者：徐恩斌、杨雪松
作品材料：金属 超高清荧幕
作品尺寸：4350mm×4700mm，4350mm×4700mm，4700mm×9000mm
设计说明：在永定门外站公共艺术设置伊始，本着艺术空间一体化的原则与车站精装设计协调，在站厅内三处藻井位置设置艺术化藻井造型。其中中间一处采用超高清、高刷新率的LED矩阵屏幕，可以根据运营及活动需要实时更新藻井艺术内容，使轨道交通艺术品的时效性更强、交互性更好。南北两侧藻井采用固定画面形式营造中国传统藻井效果。藻井彩绘图案采用敦煌莫高窟中诸多图案、元素进行整理再创作。

北京地铁8号线南段工程　■　191

木樨园站

METRO STATION

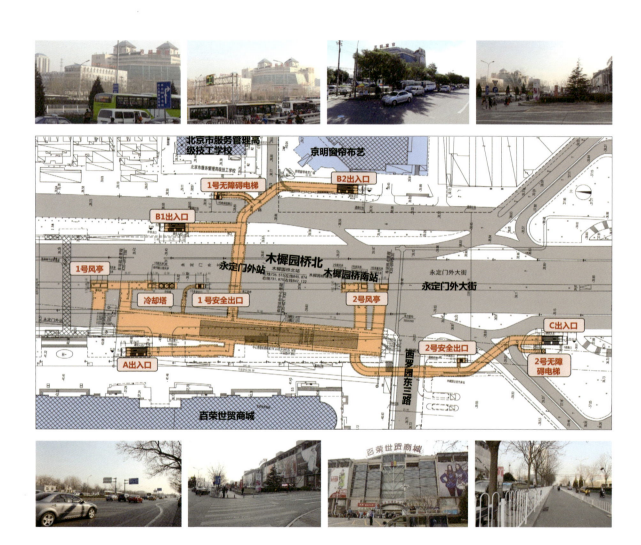

■ 车站概况

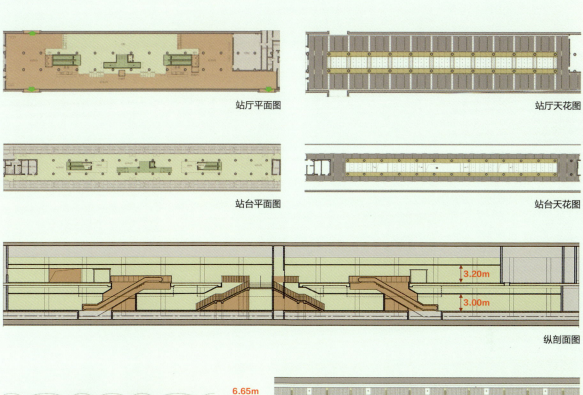

站厅平面图

站厅天花图

站台平面图

站台天花图

纵剖面图

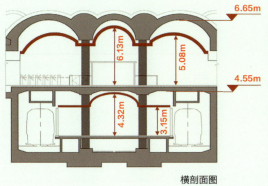

横剖面图

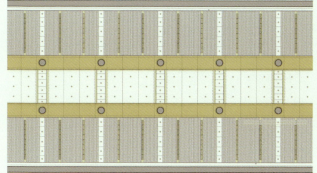

站厅天花局部图

北京地铁8号线南段工程

公共区装修

木樨园曾为清代皇家狩猎马匹提供饲料而遍种苜蓿，中华人民共和国成立后成为北京南城较为发达的商业中心和交通枢纽，随着北京市"十二五"规划的实行，木樨园地区将成为丰台区新型现代商业中心，为新中轴沿线的发展提供新动力。木樨园车站遵循全线装修概念设计中"门"的造型体系，以及由老城区向南中轴逐级轻快的色彩体系，为加强车站轻松活泼的氛围，给乘客提供贴近自然、返归本心的站内环境，特意将最易被忽视的"草丛群落"做超常尺度的放大，与车站装修构造相结合，让地上地下空间形成强大反差，缓解现代商业环境下形成的紧张感，使旅客放慢脚步，寻找童真。

① 站厅效果图
② 站台中跨效果图
③ 站台边跨效果图

北京地铁公共艺术（2018）

北京地铁8号线南段工程

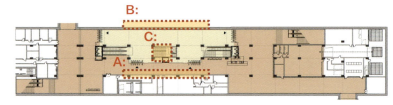

空间位置平面图

■ 公共艺术

为地铁空间创作公共艺术作品是极富挑战性的。创作的难度一方面源于地铁空间本身极为苛刻的各项安全及运营规范限定;另一方面,从创作角度来说,作品的"有效性"很难掌控。创作如果过于迎合公众趣味,会有媚俗的嫌疑;创作概念和表达形式如果过于高深晦涩,艺术家又会陷入自言自语的危险境地,最终作品因为无法与公众交流而"失效"。地铁站属于城市中比较拥挤而繁忙的公共场所,身处其中的人大都行色匆匆且还有不同程度的焦虑感。在这样的状态下,那些信息"过载"、形式语言过于"自我"的艺术作品势必无法引发公众的共鸣。在繁忙的地铁空间,艺术作品的信息如果不能做到"快速、明了"的传递,艺术形象的创造如果无法调动公众的日常经验和记忆,那么所谓的"沟通"就无从谈起。

《花草丛林》

北京地铁8号线南段工程

项目类型：公共艺术
作品主创：胡泉纯
创作助理：向昱、周振兴
创作团队：向昱、周振兴、邵康、庞卫国、刘琛萍
项目负责：徐恩斌
技术总监：毛庆虎
艺术顾问：张宝玮、于化云、李亚铁
组织单位：北京敬之文化艺术有限公司
委托机构：北京轨道交通建设管理有限公司
监理机构：北京城市雕塑建设管理办公室
摄　影　师：金伟琦
材质工艺：不锈钢锻造、喷漆、丙烯手绘
作品尺寸：14.4m×3.2m，14.4m×3.2m，11.5m×4m
创作时间：2016.04—2016.08
施工时间：2018.06—2018.12
撰　　文：胡泉纯

《花草丛林》这组作品的创作意图非常明确。直接以"木樨园"这一站名所暗示的景象作为创作概念的"切入口"。通过创造一组"巨型"花草组成的空间来强化"地点感"。作品的趣味性正是来源于将"花草"做了放大处理。这样通过比例暗示，人瞬间觉得自己"变小"了，仿佛置身于由"花草"组成的"巨型丛林"之中。这一"比例转换"手法其实谈不上独创性，但却是有效的，它将木樨园久远的历史渊源轻松地表达出来了。作品既创造了可以观看的"画面"，也营造了可以置身其中的超现实"空间"，为平常的地铁空间增加了些许情趣。作品的形式语言直接"挪用"了卡通化的造型表现手法，以此"弱化"作品创作的个人性，使作品更加通俗易懂。清新明快的色彩为忙碌的日常和拥挤的地铁空间带来些许轻松。

在整个创作的过程中，对于"创作策略"的关注多于"个人性"的艺术表达，以期作品能与无差别的公众进行对话。事实上，这组作品也离不开公众的参与，人越多越靠近作品，越能感受作品的趣味，作品的意义也越趋于完整。正是因为有公众的"参与"和"融入"，"花草丛林"才能焕发生机。

METRO STATION
海户屯站

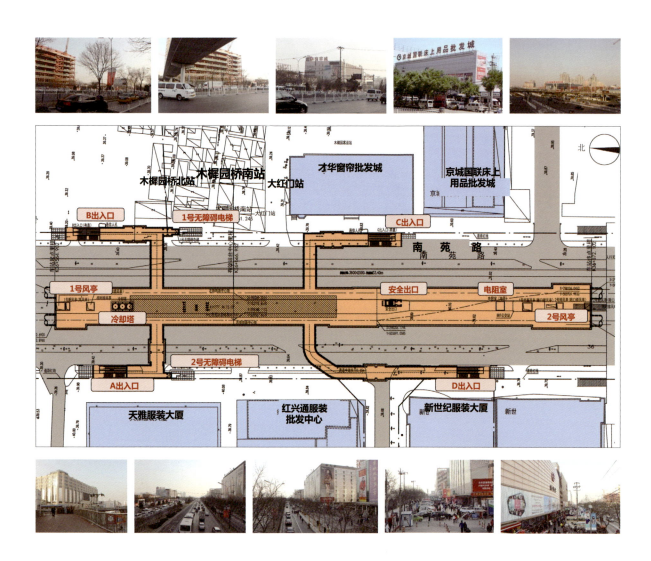

■ 车站概况

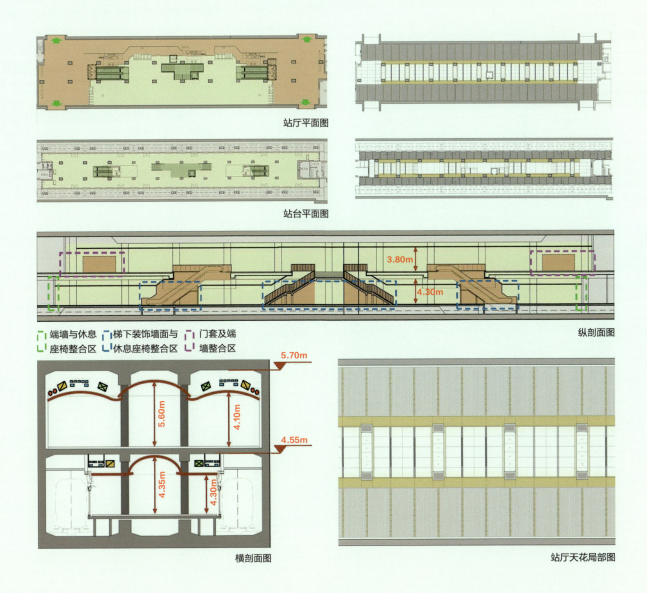

站厅平面图

站台平面图

端墙与休息座椅整合区　梯下装饰墙面与休息座椅整合区　门套及端墙整合区

纵剖面图

横剖面图

站厅天花局部图

■ 公共区装修

① 站厅中跨效果图
② 站台效果图
③ 站厅边跨效果图

北京地铁8号线南段工程

① 站厅艺术品部位现场照片
② 站厅中跨莲花瓣现场照片
③ 站厅T形楼梯处现场照片
④ 站厅非付费区现场照片
⑤ 站厅与通道接口处现场照片
⑥ 站台现场照片
⑦ 通道现场照片

⑥

⑦

北京地铁8号线南段工程

■ 公共艺术

作品名称：《万马奔腾》
组织单位：北京大觉造型艺术有限公司
作　　者：朱乐耕
材　　料：高温陶瓷瓷板 施釉贴花
尺　　寸：长18.39m，高3m
设计说明：木樨园地区曾是一片苜蓿场，为皇家马匹提供饲料，《万马奔腾》让大家对这一历史产生了深刻的联想。此作品以传统的红绿彩手法：红绿黄为主色，并以金色打底，与主色调形成强烈对比。画面上是一群矫健的骏马在广阔草原奔腾前行，画面生动热烈，观者宛如身临其境，好像听到阵阵的马蹄声。而金色更是皇家善用的色彩，大气又不失典雅，还有布满画面的篆刻印章，更是让整个作品既具有当代性又不失传统的厚度。

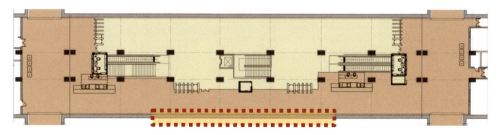

空间位置平面图

METRO STATION
大红门站

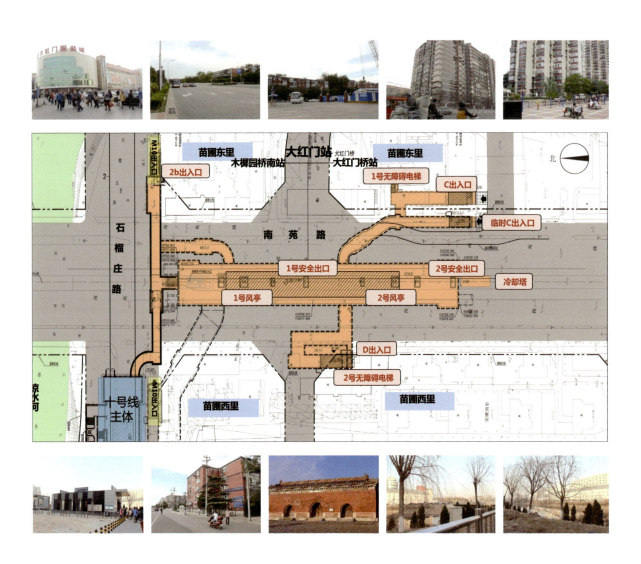

■ 车站概况

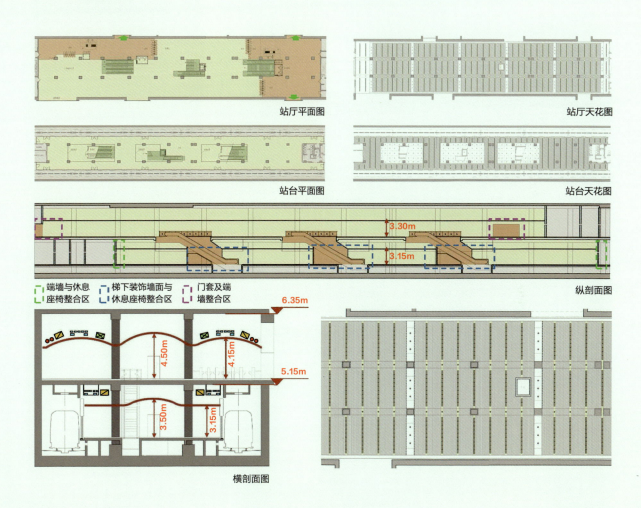

■ 公共区装修

① 站台效果图
② 站厅中部横向效果图
③ 站厅中跨效果图

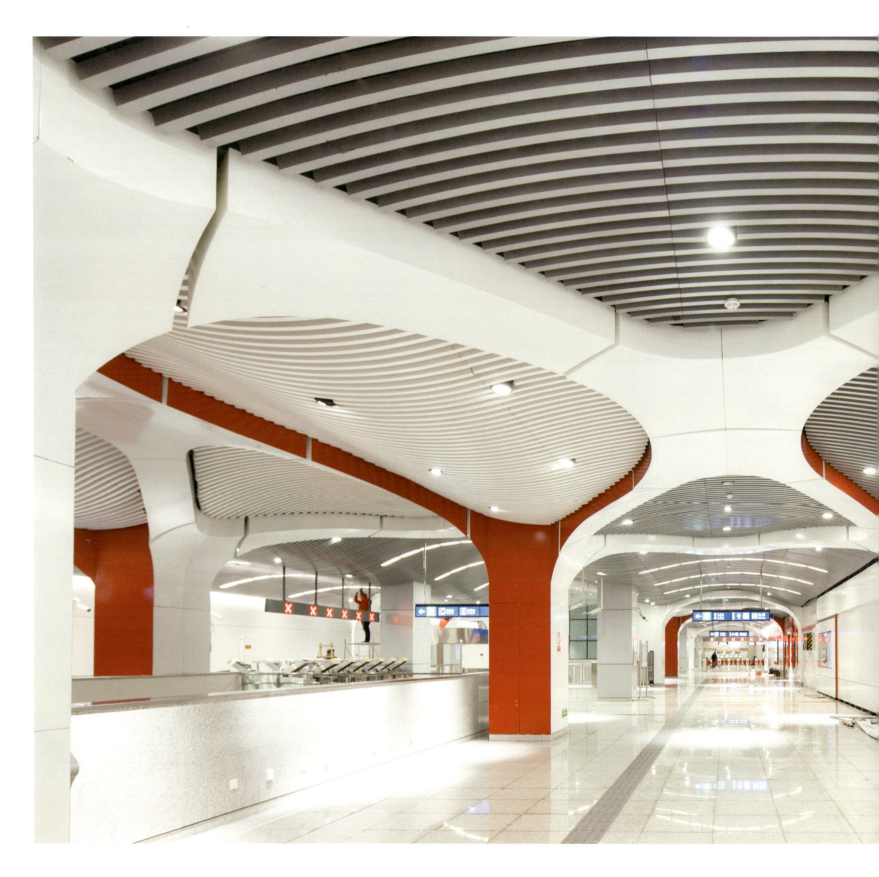

① 站厅边跨现场照片
② 站厅中跨扶梯上方现场照片
③ 站厅通道接口处现场照片

公共艺术

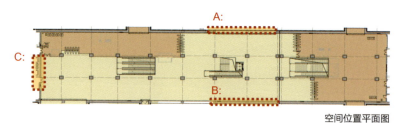

空间位置平面图

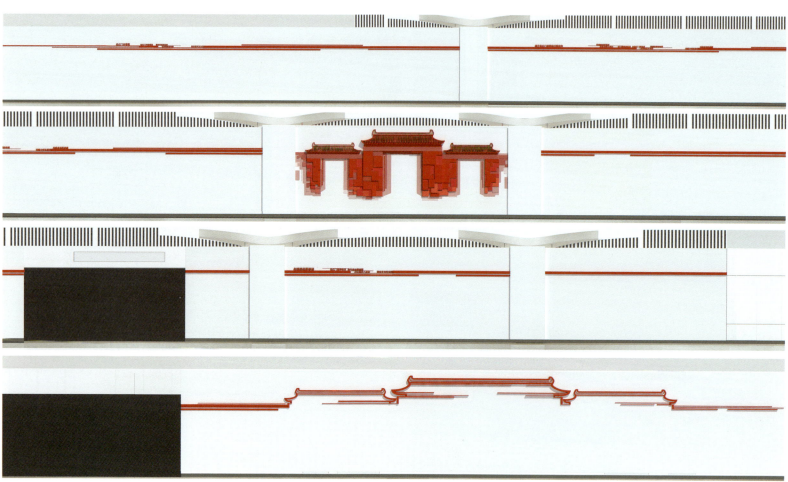

作品名称：《红门印象》
组织单位： 北京大觉造型艺术有限公司
作　　者： 潘松、何岩青、杨兵
材　　料： 金属锻造烤漆 艺术玻璃
尺　　寸： 总长108m
设计说明： 大红门原指皇家苑囿南海子的正门，建于明代永乐十二年(1414年)，南海子扩建时在东西南北四个方向各开一门，分别称东红门、西红门、南红门、北红门，其中北红门为南苑的正门，后习称为大红门。
　　《红门印象》的红门造型依据史料记载的大红门形制抽象而成，概括的剪影就像流传至今的"大红门"这个名字，构筑物的实体与它存在的年代，繁琐的细节早已漫漶在历史的烟尘中，只留下一个引发这段故事的特殊符号，并一两句沉淀在时间里的只言片语，勾起一段对这片土地过往的怀古。站厅侧墙中心的大红门艺术造型是作品的主体，苑墙以抽象线的形式向两侧延伸，三首与大红门相关的诗句穿插于线条之中，与主题相呼应。艺术装置在考虑与整个站厅空间相融合的同时，也期待与观众产生互动。

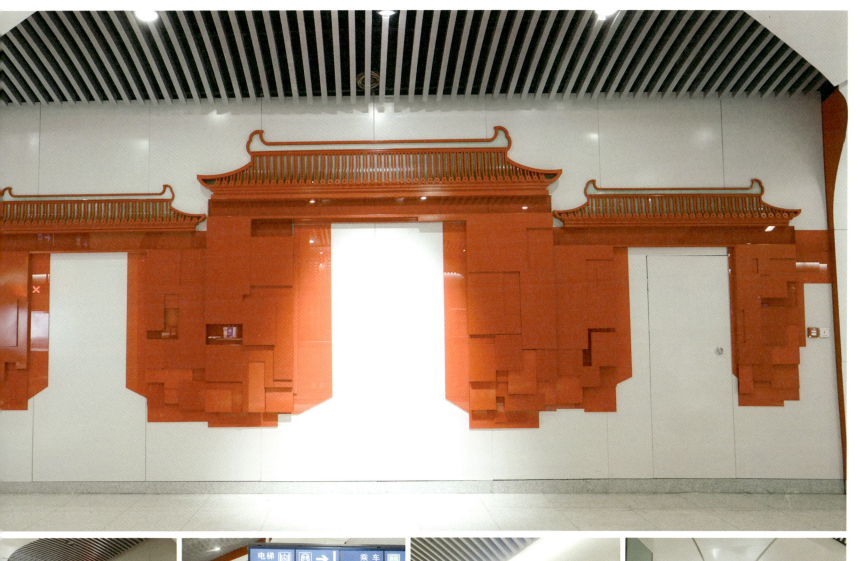

北京地铁8号线南段工程

METRO STATION
大红门南站

周边环境原为皇家苑囿南海子的正门,现为以服装为主的经济发展地区,周边多为相关服务产业和居民区。

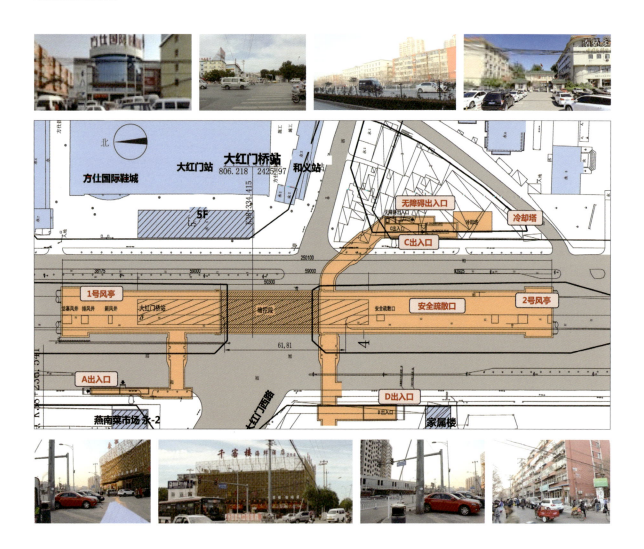

■ 车站概况

本站为暗挖标准站，主体为双柱三跨暗挖两层岛式车站，车站站台为双柱岛式。柱形为圆形。大红门南站中部为暗挖站型，柱形为圆柱，两端为明挖站型，柱形为圆柱。

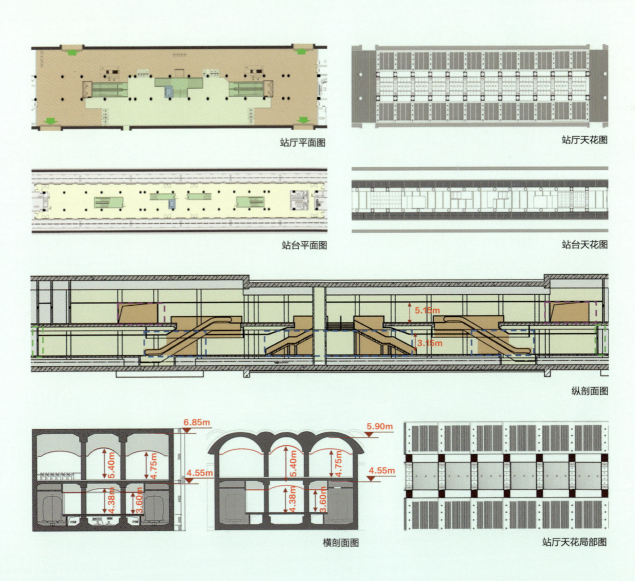

站厅平面图　　站厅天花图

站台平面图　　站台天花图

纵剖面图

横剖面图　　站厅天花局部图

■ 公共区装修

本站设计呼应线路主题概念。造型简洁大方,材料统一,通过各站不同颜色来展现不同的风采,求同存异。

北京地铁8号线南段工程 ■225

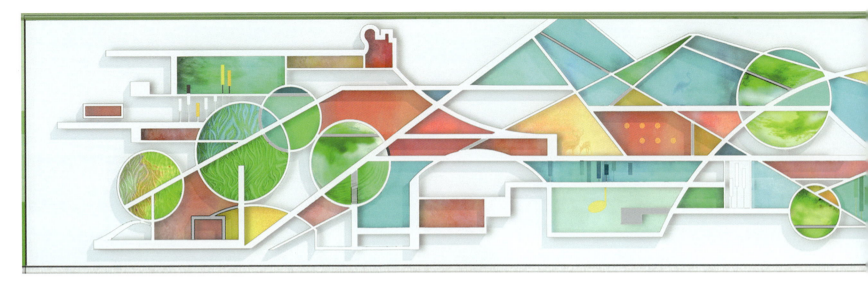

■ 公共艺术

作品名称：《京南画意》
组织单位：北京大觉造型艺术有限公司
作　　者：潘松、何岩青、杨兵
作品材料：金属锻造烤漆 艺术玻璃
作品尺寸：长24m，高3m
设计说明：《京南画意》以历史中的南苑苑墙、九龙山、凉水河等大红门地域景致为创作元素，画面以抽象的艺术表现手法，将这些不同时空中发生在这片土地的历史记忆构成在一起，颜色明快、结构当代，用新鲜而当下的视觉形式传达历史记忆，用诗意画境打破时光的壁垒，让历史的印象不再陈旧，并以全新的视觉形式参与到今天的生活里。

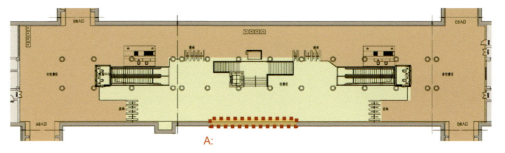

A:

空间位置平面图

北京地铁8号线南段工程 227

METRO STATION
和义站

车站沿规划南苑路南北向布置。和义街道原为大兴县行政区域，北京市农场局南郊农场在此设有和义东里、和义西里小区，现状为6层的住宅楼，其余为平房住宅区。车站西侧现状为绿地，东西向宽约100m，南北向长约400m，现状道路宽为80m，交通较为繁忙。

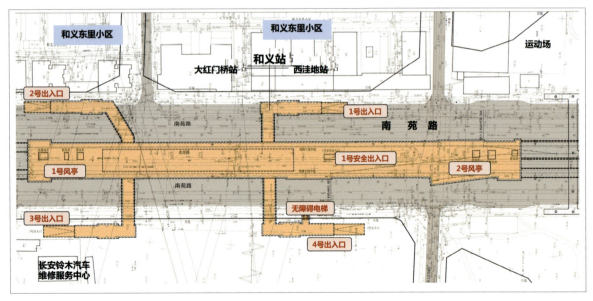

■ 车站概况

本站型为明挖标准站，主体为双柱三跨明挖两层岛式车站，车站站台为双柱岛式，柱形为方柱。

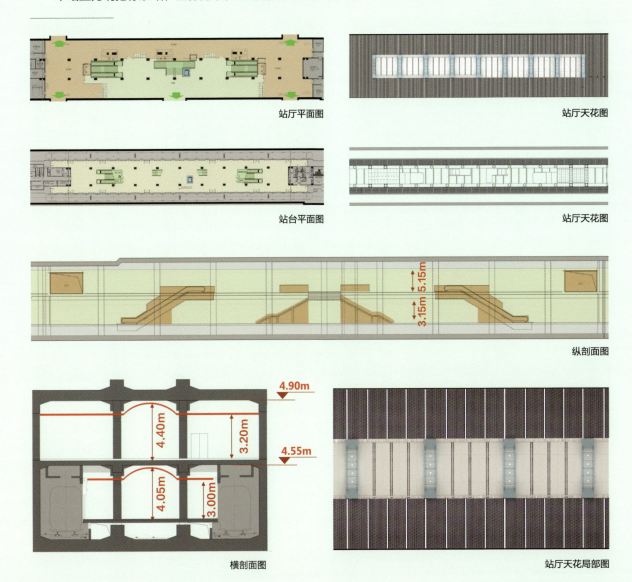

站厅平面图

站厅天花图

站台平面图

站厅天花图

纵剖面图

横剖面图

站厅天花局部图

■ 公共区装修

本站设计呼应线路主题概念。造型简洁大方,材料统一,通过各站不同颜色来展现不同的风采,求同存异。

北京地铁8号线南段工程

METRO STATION
东高地站

车站位于南苑东路，南苑东路以北主要是居住、绿化、河流用地，以南为科研办公用地。西洼地站南部是中国运载火箭技术研究院（简称"航天一院"），始建于1957年11月16日，是中国最大的运载火箭研制实体，火箭总体技术性能达到国际一流水平，可谓是怡人的绿色居住与时代科技的完美结合。

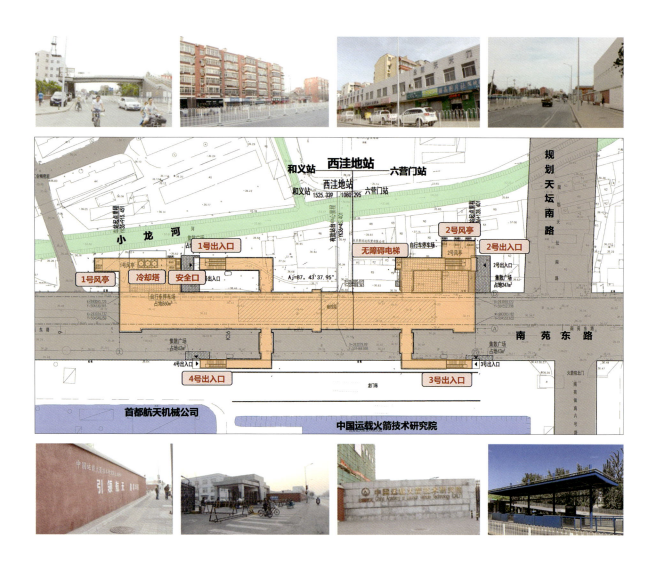

■ 车站概况

本站型为明挖标准站，站厅为端头厅，主体为双柱三跨明挖两层岛式车站，车站站台为双柱岛式，柱形为方柱。

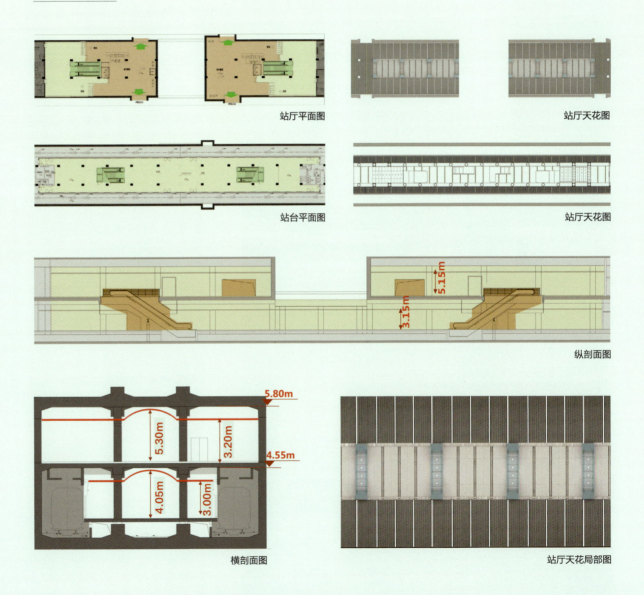

站厅平面图

站厅天花图

站台平面图

站厅天花图

纵剖面图

横剖面图

站厅天花局部图

■ 公共区装修

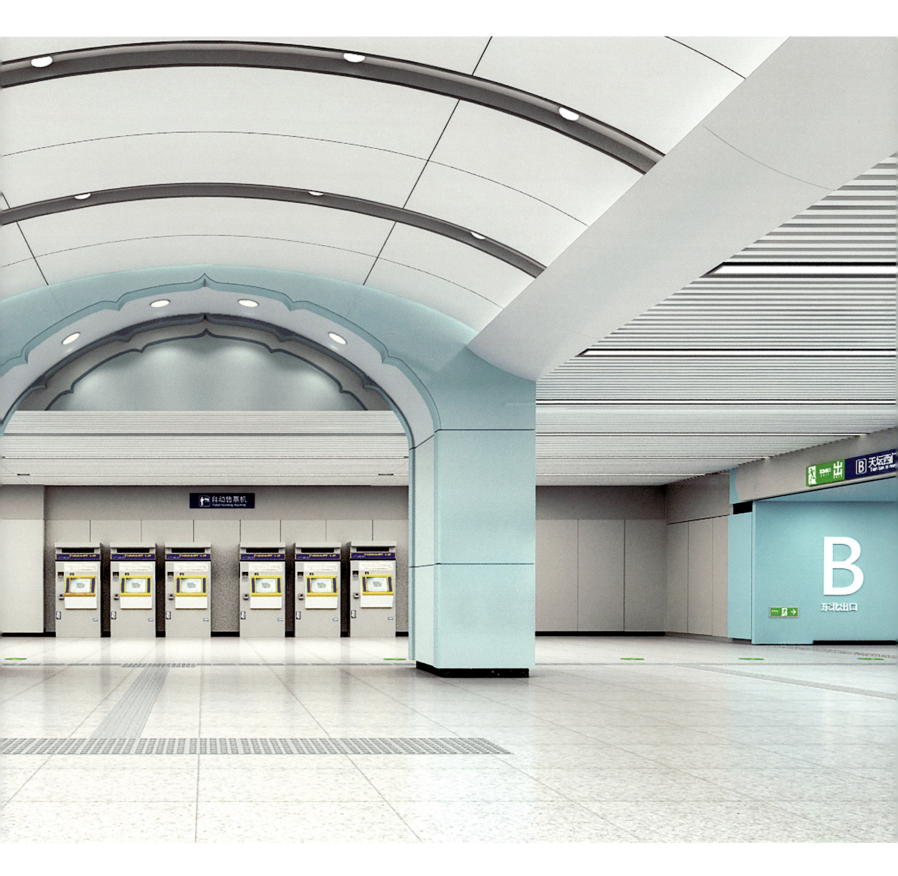

北京地铁8号线南段工程

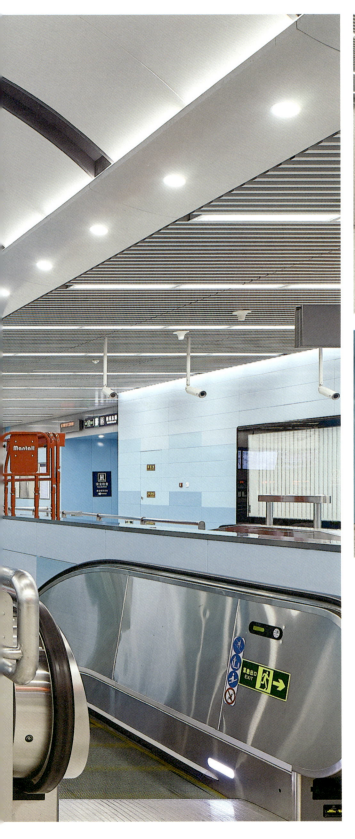

北京地铁8号线南段工程 ■ 239

METRO STATION
火箭万源站

车站周边多为居民区，西北方向连接科技区中国运载火箭技术研究院人才交流服务中心，是我国最大的导弹武器和运载火箭研究、设计、试制、试验和生产基地，是中国航天的发祥地。

■ 车站概况

本站主体为双柱三跨暗挖两层岛式车站，车站主体总长181.8m，标准段总宽21.1m。车站设置3个出入口（其中两个为T形口），1个无障碍出入口和3个安全出入口。本站站台为岛式车站，宽度为12m。

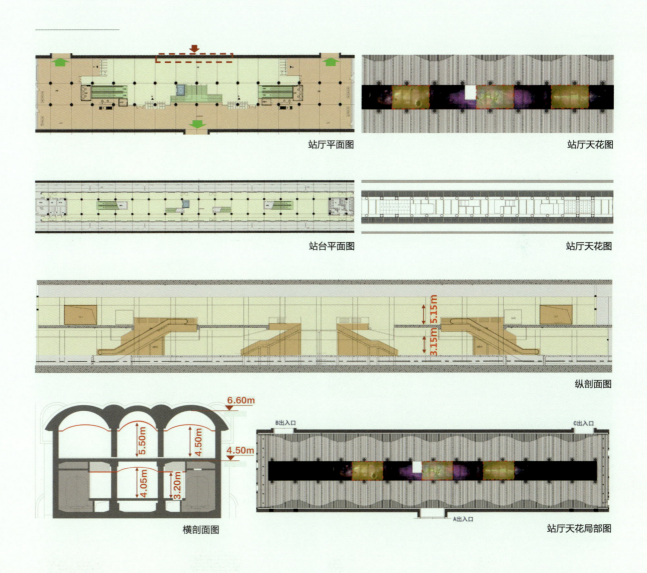

站厅平面图

站厅天花图

站台平面图

站厅天花图

纵剖面图

横剖面图

站厅天花局部图

■ **公共区装修**

空天之门

　　车站的设计理念用火箭承载，寄托着人们探索"空和天"的梦想，运用柔美的曲线结合用马赛克打造的星空，呈现出无限宇宙的魅力。

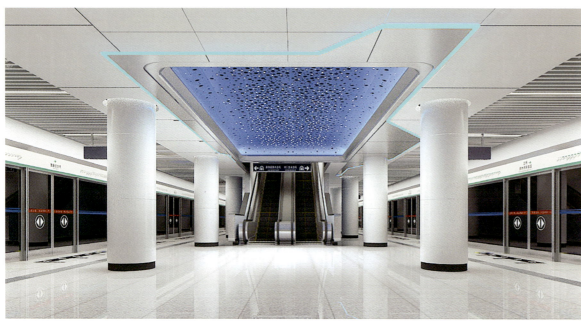

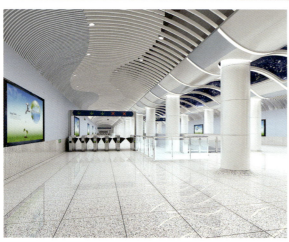

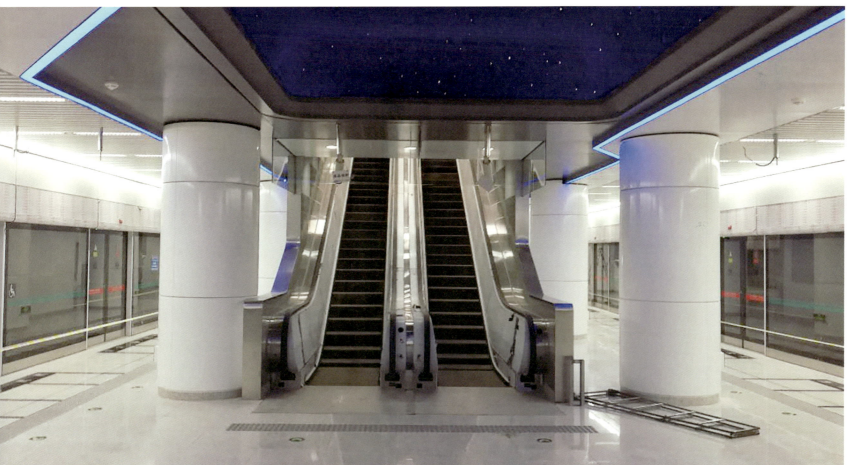

北京地铁8号线南段工程

公共艺术

作品名称：《逐梦苍穹》
作　　者：唐新志
材　　料：玻璃内外雕刻＋铝型材模型
设计说明：火箭万源站坐落在中国航天事业的发祥地——中国运载火箭技术研究院的附近，站厅壁画借用历史大事记的形式，以艺术的手法，将文字、数字、图案、符号等标示出一系列我国航天历史上的重大事件，展现出中国航天事业自创建60多年来所取得的光辉成就，以及火箭院与国家航天的发展脉络，弘扬了中国航天传统精神、"两弹一星"精神以及载人航天精神。

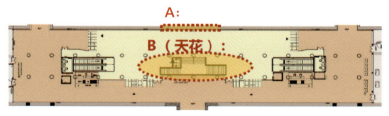

空间位置平面图

作品名称:《群星璀璨》
材　　料: 玻璃马赛克
设计说明: 火箭万源站坐落在中国航天事业的发祥地——中国运载火箭技术研究院的附近，车站被设计为一艘驶向太空的飞船，站厅穹顶使用马赛克镶嵌的艺术手法表现出八大行星以及浩瀚宇宙，表现出人类对茫茫宇宙的向往以及未知世界的探索。

METRO STATION
五福堂站

车站位于南大红门路与五福堂一号路交叉口，沿南大红门路呈西北、东南向布置在道路下方。道路东侧现状为已拆迁空地，西侧为已建成的明悦湾高层住宅小区。道路红线与明悦湾小区围墙之间为20m宽代征绿地。五福堂原属于大兴区旧宫镇，如今是城市发展区。

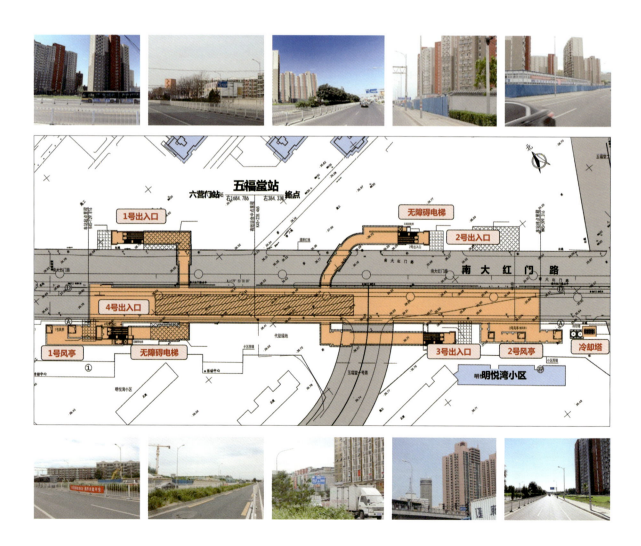

■ 车站概况

本站型为明挖标准站，主体为双柱三跨明挖两层岛式车站，车站站台为双柱岛式，柱形为方柱。

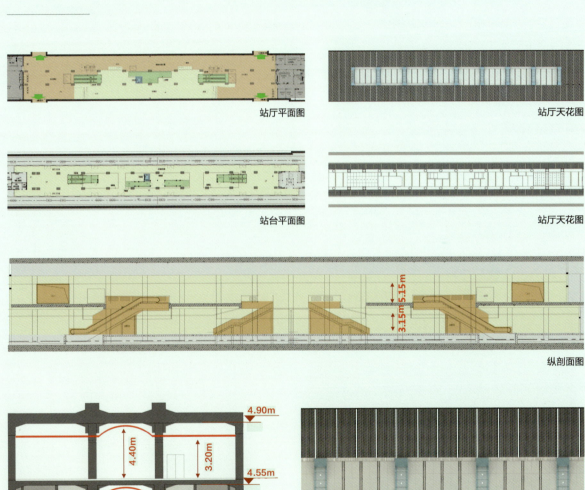

站厅平面图

站厅天花图

站台平面图

站厅天花图

纵剖面图

横剖面图

站厅天花局部图

■ 公共区装修

本站设计呼应线路主题概念。造型简洁大方，材料统一，通过各站不同颜色来展现不同的风采，求同存异。

北京地铁公共艺术(2018)

公共艺术

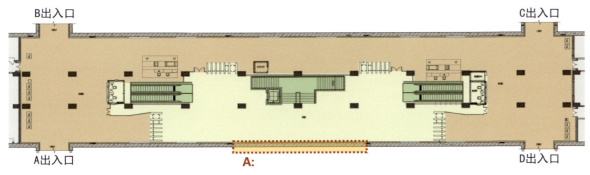

空间位置平面图

作品名称:《五福临门》
材　　质: 石材马赛克+玻璃外雕上色
组织单位: 北京领航线国际文化传媒中心
作　　者: 王健
制作单位: 北京海杰宏业装饰建材有限公司,北京北之光贸易有限公司
创作说明: 原出于《书经》和《洪范》。五福的第一福是"长寿",第二福是"富贵",第三福是"康宁",第四福是"好德",第五福是"善终"。
　　　　　　注:《尚书》上所记载的五福是:一曰寿、二曰富、三曰康宁、四曰修好德、五曰考终命。

METRO STATION
德茂站

■ 德茂站设计创新

车站位于城市南中轴线上，以"麦穗"为概念，体现了对农耕文明传统的继承和对新时代城市发展向上的希望。外立面以铝板和玻璃为语素，体现了交通建筑的科技感和速度感，大片玻璃将建筑消隐于蓝天白云之间，与城市沿街界面融为一体。

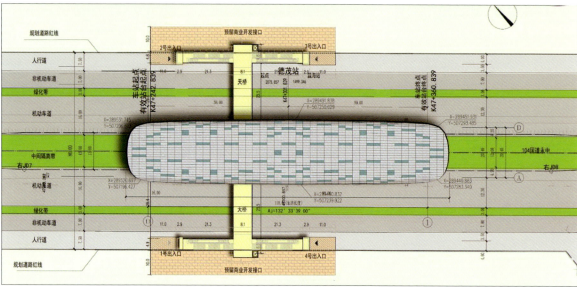

■ 车站概况

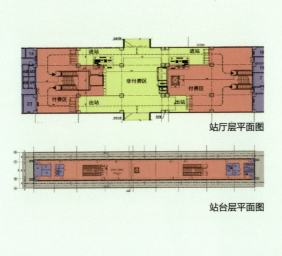
站厅层平面图

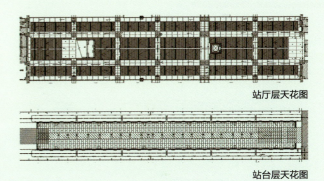
站厅层天花图

站台层平面图

站台层天花图

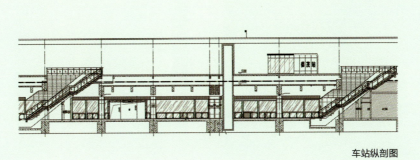
车站纵剖图

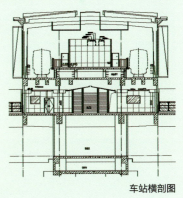
车站横剖图

■ 公共区装修

METRO STATION
瀛海站

■ 瀛海站设计创新

8号线是北京轨道交通南北中轴线，本站为南起第一站，位于"龙头"的位置。设计延续全线"门中观轴"的概念，利用结构柱跨的阵列为门为轴，牵动古今，将轨道线和行驶的列车融入设计，对话时空。

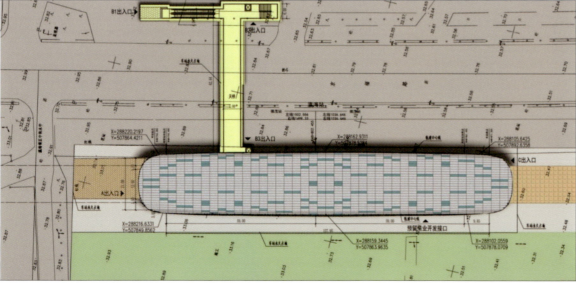

■ 车站概况

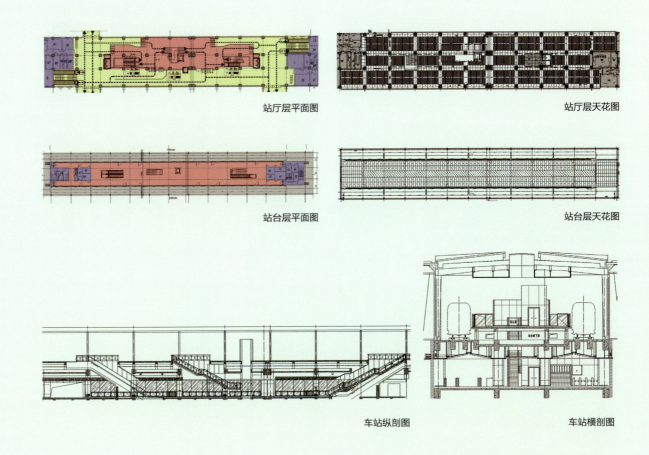

站厅层平面图　站厅层天花图

站台层平面图　站台层天花图

车站纵剖图　车站横剖图

■ 公共区装修

北京地铁8号线南段工程

■ 公共艺术

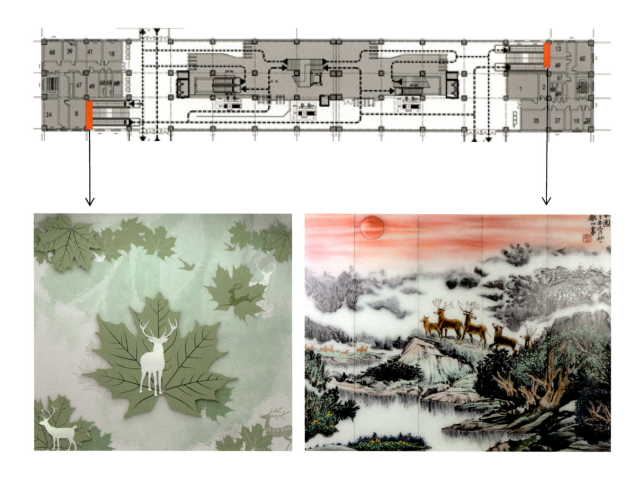

创作单位：中央美术学院
组织单位：北京科瑞迪国际文化传播有限公司
作　　者：郭立明、朱铁川
作品材料：8cm双层夹胶玻璃
作品尺寸：6m x 3.6m
设计说明：以乐居生态为创作出发点，将市民生活与南海子湿地公园生态环境融合，通过麋鹿文化表现生态环境的美好，使乘客在进出站的过程中短暂驻足，感受瀛海的生态特征并放松心情。

北京地铁8号线南段工程

PROCESS SHEME

公共区装修设计
过程方案

■ 中国美术馆站公共区装修设计过程方案

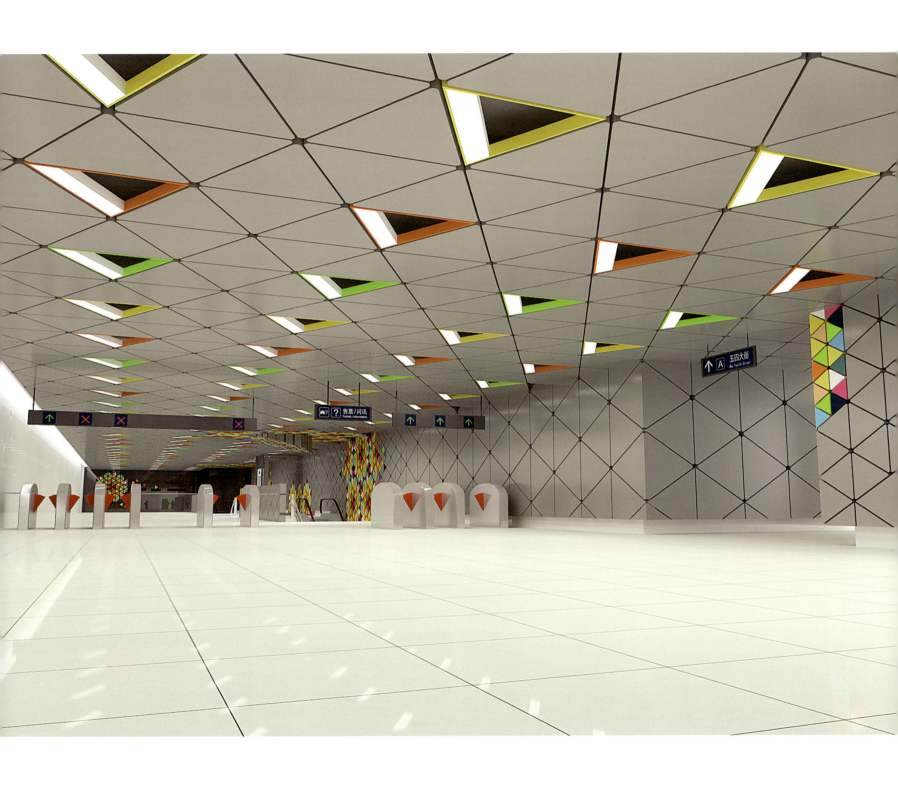

■ 天桥站公共区装修设计过程方案

　　天桥站位于南中轴路天桥南大街与南纬路交叉口处以北，车站主体呈南北向设置。车站东侧为天坛公园，西北象限为天桥文化中心，东北象限为自然博物馆，西南象限为天桥商场，南侧为永定门街心公园。车站周边区域是北京市最为活跃和繁华的天桥大街地段，旅游、商业客流量大，天桥南大街为双向8车道，交通较为拥挤，车流量密集。该地区属于市民文化核心区，目前为文商结合区，既保留了老北京市井文化风貌，又具有浓厚的现代商业气息。本方案充分体现了该地区的历史风貌"老天桥遗址"，结合历史上的"天桥八大怪"图进行艺术品化的装修处理，呈现出新的地下"市井文化"空间。

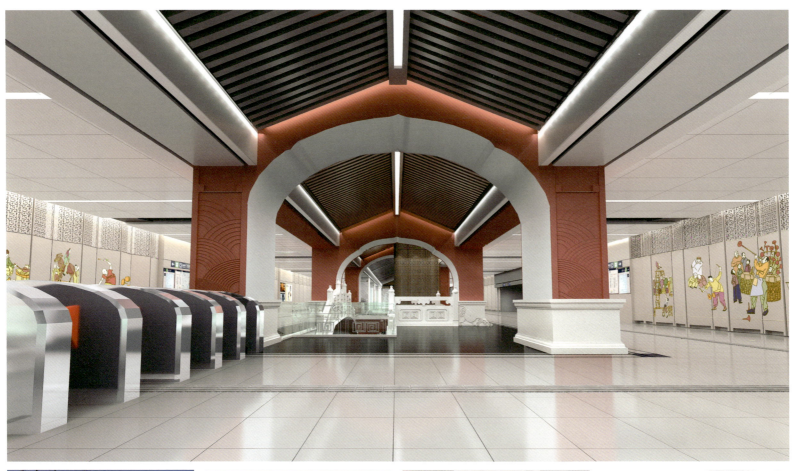

北京地铁8号线南段工程

3 GROUND BUILDINGS

地面附属建筑设计

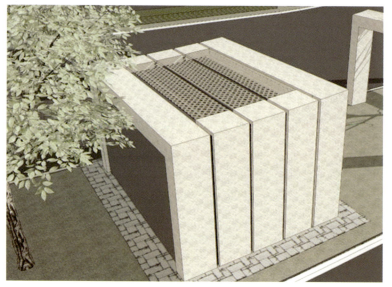

北京地铁8号线南段工程

设计定位

◎ 穿越城市核心区的地铁主干线的文化定位

面：以全网概念为基础，总结成熟经验并反馈于全网概念

域：由北至南所穿越的面域

线：原有一期二期设计风格的延续与映像

段：线路所穿越的区段

6号线、7号线交叉于8号线，穿越建筑空间的正立面体现建筑构造细节。

4号线、5号线平行于8号线，穿越建筑空间的侧立面（山墙）体现建筑轮廓线，是城市韵味的表达。

8号线反映古城风貌文化因素，根据其地位确定映射程度，且合理延伸到全新的南城。特别是8号线相交的车站中国美术馆站、什刹海站、南锣鼓巷站、珠市口站、永定门外站、大红门站等。

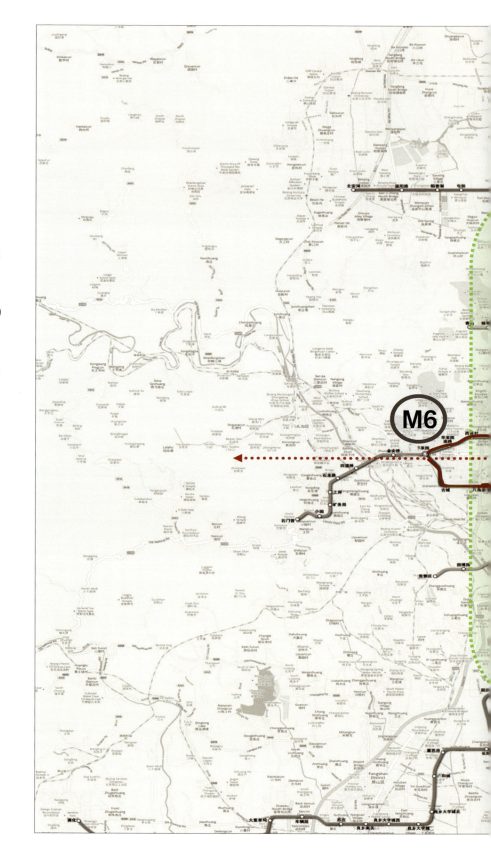

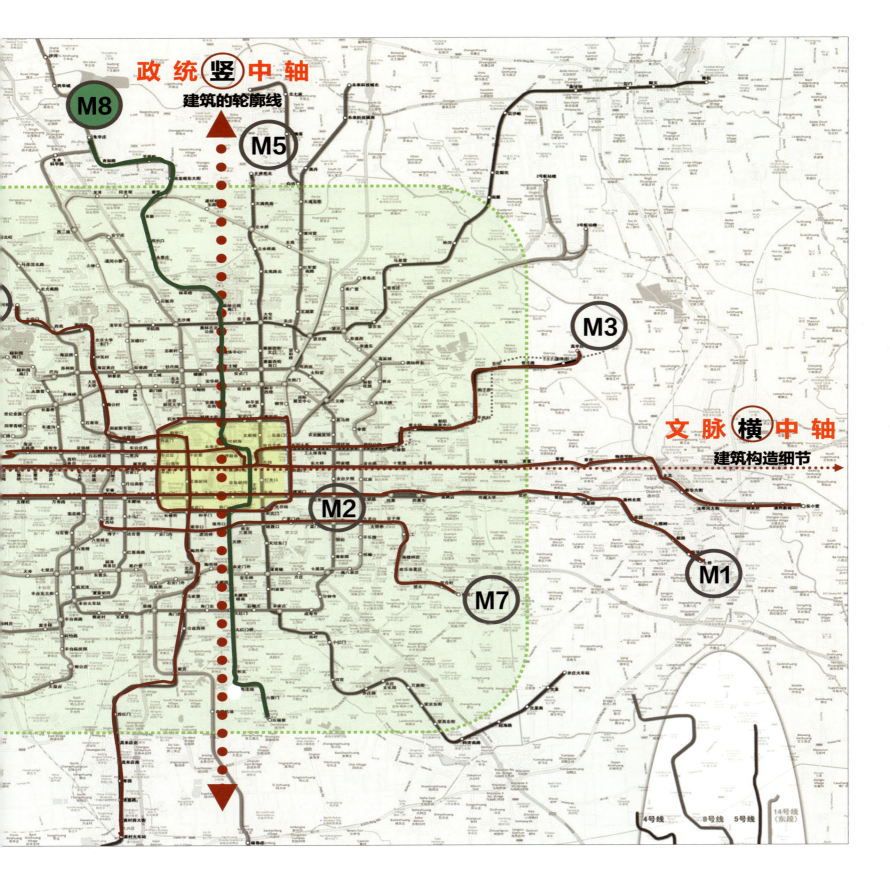

■ 设计构思

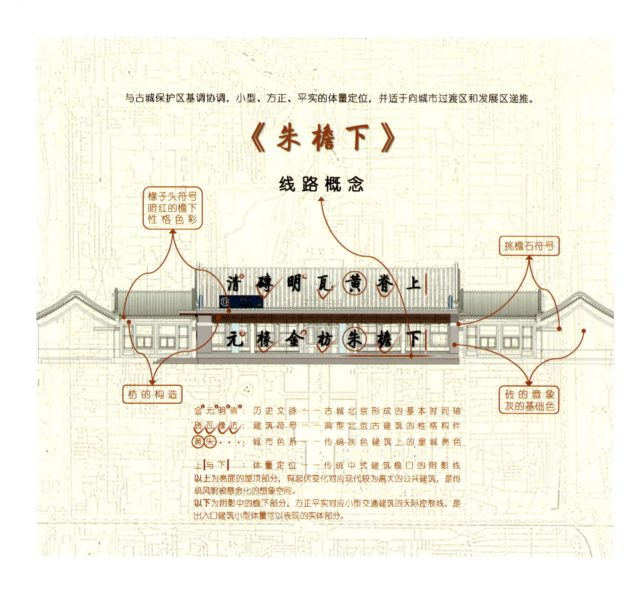

环境因素

建筑语言

元素提取：椽子、枋、挑檐石、踏板

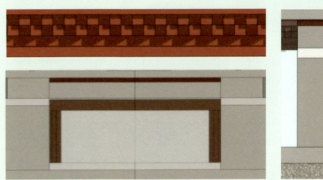

简化应用

方案展示

简洁方正的体型及北京城市的灰色系仍为设计主调，结合面域环境特点，调整造型细节，提取皇城五彩，渐变应用于局部界面。

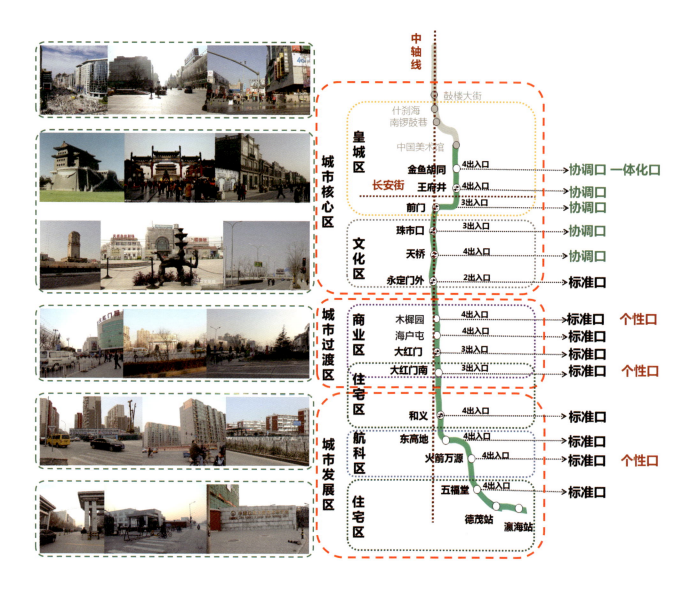

本期14座地下车站、2座高架站，地面出入口共50个。分别为：一体化口3个，敞口8个，带盖口39个。

基于城市风貌和线路分段，将本线车站分级。

标准口-9站29口-58%
协调口-4站14口-28%
个性口-4站4口-8%
一体化口-1站3口-6%

■ 方案递推

从旧城保护区开始，经过城市过渡区，到城市发展区，结合面域环境特点，"朱檐下"识别性造型细节逐渐简化，体现从传统到现代的优美过度。提取皇城五彩并结合环境色彩，渐变应用于门口及檐下局部界面。

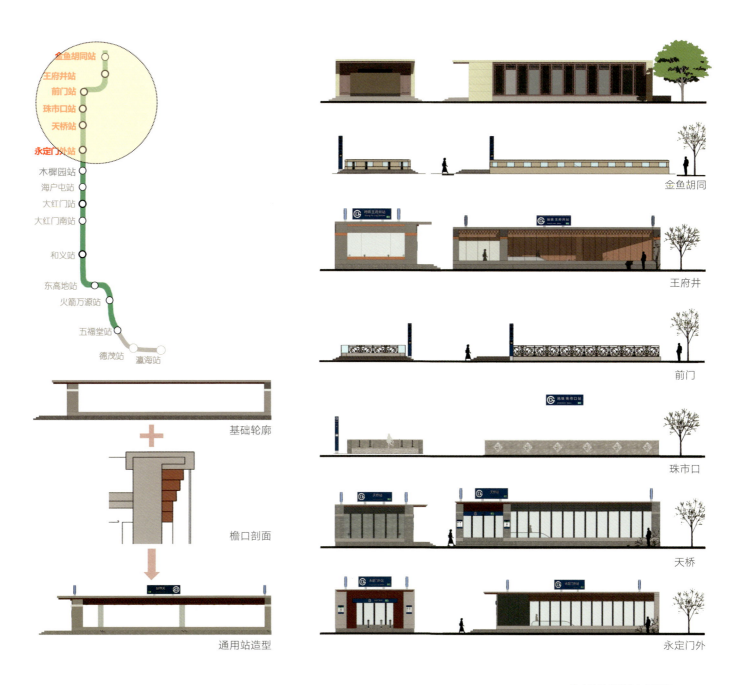

■ 方案递推

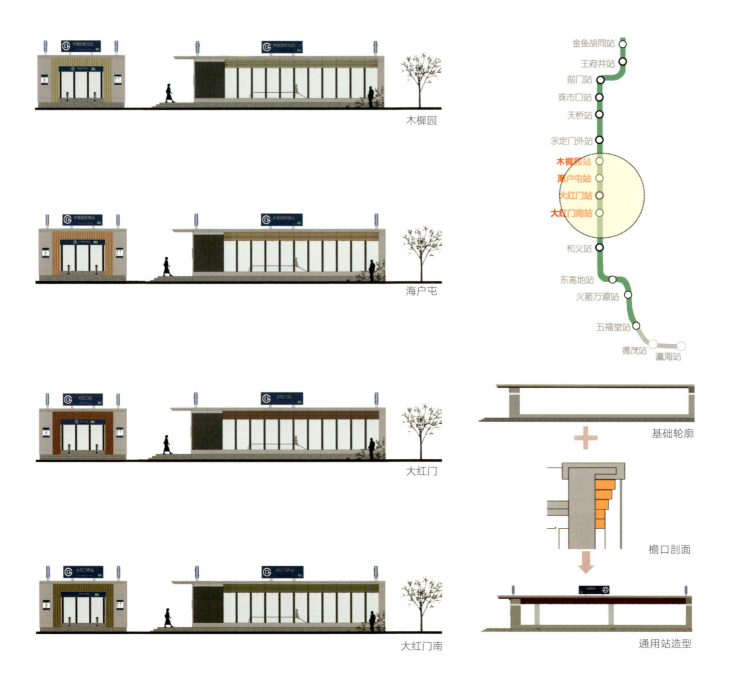

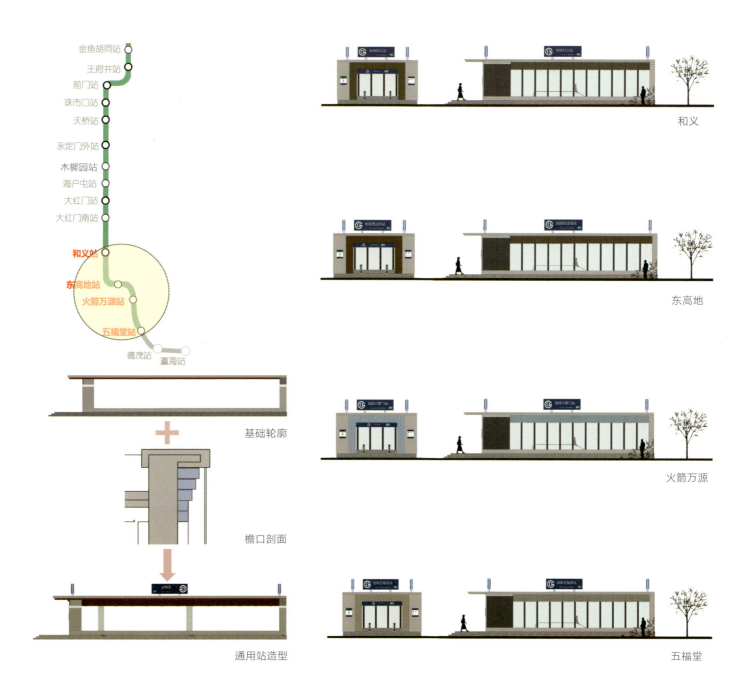

北京地铁8号线南段工程

■ 标准口效果图

■ 标准口现场照片

北京地铁8号线南段工程

■ 个性口效果图

① 天桥站西侧地面附属概念方案
② 火箭万源站协调口概念方案
③ 天桥站C出入口下沉广场概念方案
④ 珠市口站、天桥站敞口出入口消隐概念方案

⑤ 天桥站西侧地面附属现场照片
⑥ 火箭万源站协调口现场照片
⑦ 火箭万源站协调口现场照片
⑧ 火箭万源站协调口现场照片（沿街效果）

■ **个性口现场照片**

■ 其他附属

① 路中绿化带地面附属概念鸟瞰图　　⑤ 区间高风亭概念设计图
② 中国美术馆站无障碍电梯现场照片　⑥ 天桥站西侧敞口风亭现场照片
③ 路中绿化带敞口风亭概念设计图　　⑦ 路中绿化带安全口概念设计图
④ 天桥站西侧敞口风亭现场照片

主要参建单位及人员简介

北京市轨道交通建设管理有限公司

北京市轨道交通建设管理有限公司是经市委、市政府批准，于2003年11月由北京市国资委出资设立的国有独资公司，主要担负首都轨道交通建设管理任务。2015年11月，经市政府批准，又赋予了北京第三家轨道交通运营商的职责。

公司秉承"发展轨道交通，建设精品工程"的理念，按照"安全、质量、进度、功能、成本"五统一的建设要求，坚持以人为本，注重科技创新，精心筹划，科学组织，克服规模大、矛盾多、工期紧等诸多困难，圆满完成了5号线、10号线、14号线、7号线、昌平线、燕房线、6号线西延、8号线三期四期等22条线路的建设管理任务，使北京市轨道交通运营总里程达到636km。工程也多次荣获"建筑工程鲁班奖""中国土木工程詹天佑奖"等荣誉称号。

目前，公司承担着3号线、12号线、17号线、19号线、房山线北延、八通线南延、7号线东延等多条线路的建设管理任务。代建乌鲁木齐地铁1号线，其中北段已通车试运营，并作为国内第一条自主化全自动运行系统国家科技示范线——燕房线运营商已开展运营服务。

公司将以习近平新时代中国特色社会主义思想和党的二十大精神为指引，按照"创新、协调、绿色、开放、共享"发展理念，以"人文交通、科技交通、绿色交通"为主线，落实"扎根一个行业、面向两个市场、打造三个平台、确保四个平衡"发展战略，抓住机遇，勇担重任，攻坚克难，为将公司建成全国领先，具有国际竞争力的城市轨道交通（和基础设施）领域的建设管理和运营管理服务提供商而努力奋斗！

北京市轨道交通设计研究院有限公司

北京市轨道交通设计研究院有限公司是在城市轨道交通快速发展的背景下，为满足城市轨道网络化建设运营需要，实现网络化资源共享，提高网络运行效率而组建的设计院。公司定位为北京市轨道交通设计的"总体"业务角色、北京市轨道交通的工程技术中心，从事轨道交通规划设计与工程建设管理技术高端业务，主要职责是统一全网各线的技术标准和技术要求、总体技术审查、推进标准化设计及环保节能设计、开展前沿性及关键技术研究等。北京市轨道交通设计研究院有限公司以"为人至诚、为业至精"作为核心价值观，秉承"专业、创新、高效、奉献"的精神，为城市轨道交通建设提供专业的设计咨询服务。

张继菁 女，1970年生，北京交通大学硕士，教授级高工，北京市轨道交通设计研究院有限公司总工程师。先后担任北京地铁5号线设计总体副负责人、北京地铁9号线设计总体负责人、北京地铁8号线三期和南延的设计总体负责人、北京地铁网络化的设计总体负责人。参编4本国家和地方规范，在核心期刊上发表多篇文章。拥有专利7项，其中1项发明专利，6项实用新型专利。

于海霞 女，1975年生，正高级工程师，北京交通大学硕士，北京市轨道交通设计研究院副总工程师。主要从事轨道交通工程设计工作，侧重前期规划及建筑设计。主要参与北京和成都地铁1号线、天津地铁3号线、大连快轨3号线、北京地铁4号线、6号线一二期工程、北京地铁6号线西延工程、北京地铁28号线等城市轨道交通工程设计，同时参与北京轨道交通二期线网、二期线网调整、三期线网的编制工作。

徐 菁 女，1975年生，天津大学学士，高级工程师，国家一级注册建筑师，北京市轨道交通设计研究院有限公司建筑所总工程师。主要从事城市轨道交通车站及站城一体化建筑设计。参与国内外多地轨道交通车站及一体化设计，北京的项目有北京地铁八通线、4号线、5号线、10号线、6号线西延、17号线、22号线等，在北京地铁6号线西延工程中担任建筑总工程师。

邱 蓉 女，1971年生，高级工程师，北京市轨道交通设计研究院建筑所所长。主要从事轨道交通车站建筑设计及研究工作。近期主要开展了北京市城市轨道交通网络化建筑总体、单线建筑总体、车站建筑设计、相关标准编制等工作。主要承担北京地铁4号线、7号线、8号线建筑总体设计研究工作，同时参与北京地铁6号线、9号线、17号线、22号线等车站设计及双井站一体化升级改造项目等。

中外建工程设计与顾问有限公司

中外建工程设计与顾问有限公司是1993年经原建设部批准成立的甲级建筑设计公司。公司总部设在北京，公司持有建筑工程设计甲级、城乡规划编制甲级、风景园林设计甲级、房屋建筑工程监理甲级、工程造价咨询甲级资质以及工程咨询乙级资质。可承接各类工业与民用建筑设计、城市规划、轨道交通设计、景观设计、室内设计、工程监理、造价咨询、工程咨询、工程全过程服务等。

咨询顾问方：都市建筑设计咨询（北京）有限公司（简称：AA国际·都市建筑设计），于2003年成立于北京，为外资设计事务所，在加拿大多伦多、日本东京设有分支机构。主要的业务范围涉及轨道交通设计、建筑设计、城市规划、室内设计、景观设计等专业领域，是一家高品质、全过程的设计咨询机构。公司将独特的设计理念和有效的设计手法相结合，通过融合城市、建筑、室内外环境的综合性设计，为人们提供具有时代精神、高品质的空间场所。

刘 弘 女，1964年4月生，日本东京大学建筑学硕士，日本注册建筑师，AA国际·都市建筑设计创始人、主持建筑师。曾就职于日本丹下健三、伊东丰雄等著名建筑设计事务所，2003年回国创建AA国际·都市建筑设计公司。从事多年城市公共空间设计及占城一体化设计及研究工作。主持并参与加拿大多伦多新国际机场、北约克地铁终点站公交停车楼、北京地铁5号线、10号线、亦庄线、14号线、6号线、昌平线南延、17号线、双井站改造以及石家庄地铁1号线等城市轨道交通车站公共区空间、地面附属建筑及站城一体化设计。2015年被北京市规划委员会聘请为北京市城市轨道交通第二期建设一体化规划设计顾问。

杨景涛 男，1980年9月生，北京建筑大学硕士，高级工程师，项目建筑师。从事多年民用建筑及地铁空间设计工作。近期主要项目以城市轨道交通车站设计、车站一体化衔接空间设计为主。主要参与北京地铁5号线、10号线、6号线、7号线东延、房山线北延、昌平线南延、17号线、双井站改造以及石家庄地铁1号线等城市轨道交通车站公共区空间、地面附属建筑及站城一体化设计。

任宏伟 女，1979年4月生，内蒙古师范大学学士，工程师，设计总监。主要从事城市公共空间设计及研究工作，近期主要项目以城市轨道交通车站设计、车站一体化衔接空间设计为主。主要参与北京地铁10号线、6号线、17号线、石家庄地铁1号线等城市轨道交通车站设计以及北京地铁双井、国贸车站一体化升级改造项目等。

尹松生 男，1964年6月生，日本东京工业大学环境工学硕士，国家注册营造师，AA国际·都市建筑设计董事、技术负责人。主持并参与了日本凸版印刷"板桥事务所"高层办公楼施工现场施工监理、加拿大多伦多大学科技馆玻璃幕墙设计与施工监理、美国纽约市超高层住宅铝合金窗设计与施工监理等多项工程。

2003 年回国参与创建 AA 国际·都市建筑设计公司，曾参与北京地铁 5 号线、10 号线、6 号线以及石家庄、武汉等多条轨道交通车站设计工作。

张丽凤 女，1986 年 12 月生，中国地质大学学士，工程师，副主任设计师。从事多年民用建筑及地铁空间设计工作，近期主要项目以城市轨道交通车站设计、车站一体化衔接空间设计为主。主要参与北京地铁 6 号线、14 号线、16 号线、房山线北延、昌平线南延等城市轨道交通车站公共区空间、地面附属建筑及站城一体化设计。

华通设计顾问工程有限公司

华通设计顾问工程有限公司（WDCE），成立于 1995 年，是一家生态产城全过程综合服务机构。总部设在北京，并在上海、河北、郑州、天津、新疆、江苏、重庆等地设有分支机构。公司具有中华人民共和国住房和城乡建设部颁发的城乡规划编制、建筑行业（建筑工程）、房屋建筑工程监理甲级资质，及土地规划、风景园林工程设计、市政公共工程监理乙级资质。业务涉及产业经济咨询、城市规划与城市设计、建筑工程设计、景观设计及室内设计等各专业技术领域，并在园区、TOD、品质住区等专项领域具有领先优势，是一家全流程、综合性设计机构。

陈　昕 男，1966 年生，毕业于清华大学建筑学院。2018 年获评中国建筑装饰协会"中国十大杰出建筑装饰设计师"，2020 年获评北京市建筑装饰协会"十大设计品牌领军人物"（轨道交通空间设计）。主持北京地铁 8 号线三期、14 号线、19 号线一期及郑州地铁 14 号线一期、汕头云轨一期、西安地铁 1 号线三期等全线车站装修概念设计，北京地铁 8 号线二期、10 号线二期、乌鲁木齐地铁 1 号线、深圳地铁 16 号线等车站装修重要标段设计，其中北京地铁 8 号线前门站和中国美术馆站、19 号线金融街站和平安里站、乌鲁木齐地铁 1 号线国际机场站等设计先后获评中国建筑装饰协会"中国建筑装饰设计奖"金奖。担任北京轨道交通地面附属建筑设计全网概念的设计主持人，并具体承担了北京地铁 6 号线、7 号线、8 号线、9 号线、10 号线二期、12 号线、14 号线、28 号线和昌平线等地面附属建筑物一体化设计和景观设计。同时在文化教育、产业园区和城市更新等轨道交通以外的领域，完成多项从规划、城市设计、建筑设计直至室内设计的重要项目。

于慧娟 女，1983 年 4 月生，北京建筑大学学士，中级工程师，华通设计顾问工程有限公司设计师。从事多年民用建筑及地铁空间设计工作。近期主要项目以城市轨道交通地面附属建筑设计、车站地下商业设计以及车站公共区装修为主。主要参与北京地铁 5 号线、8 号线三期、10 号线、14 号线、19 号线、乌鲁木齐地铁 1 号线等城市轨道交通车站公共区空间以及北京地铁 10 号线、14 号线、昌平线二期、8 号线二期及三期地面附属建筑设计等。

沈丽丽 女，1986 年 5 月生，东北林业大学学士。从事多年民用建筑及地铁空间设计工作。近期主要项目以城市轨道交通车站公共区装修设计、车站地面附属建筑设计为主。主要参与的项目有北京地铁 6 号线、7 号线、8 号线二期及三期、10 号线二期、12 号线、14 号线、28 号线、昌平线二期等。

范志英 男，1981 年 2 月生，天津科技大学毕业，工程师，华通设计顾问工程有限公司方案设计主创，项目负责人，从事多年地铁空间、地铁附属建筑设计工作。近期主要项目以城市轨道交通车站公共区装修设计、地铁地面附属建筑及一体化设计为主。主要参与北京地铁工程车站（公共区）装修设计有：北京地铁 8 号线三期、10号线二期角门西站、8号线二期什刹海站和中国美术馆站方案设计，14号线工程车站（公共区）装修概念设计，郑州地铁14号线一期方案设计，乌鲁木齐地铁1号线植物园站到国际机场站方案设计，北京地铁6号线一期、7号线、8号线三期、9号线、10号线二期、14号线、昌平线二期车站地面附属建筑物概念设计，北京地铁12号线、28号线地面附属建筑物及一体化设计。

曲瑞冬 女，1987年10月生，黑龙江东方学院学士，助理工程师。主要参与北京地铁8号线3期、14号线、昌平线南延等城市轨道交通车站公共区空间、地面附属建筑设计。

北京城建设计发展集团股份有限公司

北京城建设计发展集团股份有限公司是北京城建集团等多家大型国企共同发起成立的，为城市建设提供专业服务的科技型工程公司，业务范围涵盖城市轨道交通、综合交通枢纽、地下空间开发、工业与民用建筑、市政、桥梁、道路等领域，为客户提供工程前期咨询、规划、投融资、勘察测绘、设计、项目管理、工程总承包、系统集成、项目评价、经济分析等专业化高质量的全程服务。拥有工程设计综合甲级、房屋建筑工程施工总承包一级、市政公用工程施工总承包一级、城市轨道交通工程专业承包资质，以及工程咨询、城乡规划编制、工程造价、工程勘察综合类、工程测量、地质灾害评估、施工图审查等多项资质。

王彤亮 男，1976年2月生，西安建筑科技大学学士，高级工程师。北京城建设计院项目负责人。从事多年公建及轨道交通装饰设计工作，曾主持设计过住宅建筑、办公建筑、文化建筑、商业建筑、交通建筑等各种民用建筑、地下建筑等，负责过建筑、精装修、导向、管线综合、景观、艺术品等多项工作的设计、投标、施工配合等工作内容。曾担任过项目总体负责人、装修副总体负责人、建筑专业负责人。参与了北京地铁10号线、8号线三期、昌平线一期以及石家庄市城市轨道交通1号线一期及二期、西安地铁10号线一期、14号线等交通项目室内装修设计。

陈 铭 女，1987年10月生，中南林业科技大学学士，工程师，北京城建设计院执行项目负责人。从事多年公建及轨道交通装饰设计工作，主要参与了杭州地铁1号线、3号线和4号线、厦门地铁6号线、合肥地铁4号线、济南地铁3号线、长春地铁6号线和7号线以及北京地铁房山线、昌平线、8号线、3号线、17号线等交通项目室内装修设计。

南京华夏天成建设有限公司

南京华夏天成建设有限公司是一家以建筑装饰为基础、轨道交通设计为主营业务，集装饰设计、装饰施工、装饰产业化集成、项目管理为一体的链状集成企业。公司自1993年成立以来，一直致力于国家和地方大型重点工程项目的建设。相继承接了包括北京、南京、郑州、无锡、苏州、哈尔滨、宁波等城市地铁相关项目，以及南京奥林匹克体育中心、南京会展中心、南京图书馆新馆等工程项目，多次荣获"中国建筑装饰百强企业"及省、市"优秀装饰企业"等荣誉称号。

祁 红 女，1970年12月生，东南大学工商管理硕士，南京华夏天成建设有限公司总经理，正高级工程师、高级经济师。从事多年民用建筑及轨道交通建筑设计工作。主持并参与南京博物院二期工程室内装饰工程、南京凤凰书城转型升级改造项目、华侨大厦维修改造工程室内装饰装修工程、江苏农业科技国际交流中心一期室内装修工程、江苏省电力公司运行检修研发用房 B 区室内装饰工程设计以及苏州地铁 1 号线、郑州地铁 3 号线一期及 5 号线、石家庄地铁 2 号线一期及 3 号线二期、武汉地铁 16 号线、长沙地铁 1 号线北延线、北京地铁 6 号线三期及 12 号线等城市轨道交通车站公共区空间设计。

吕　斌　男，1969 年 12 月生，北京交通大学工程管理学士，南京华夏天成建设有限公司地铁事业部，高级室内建筑师。从事多年民用建筑及轨道交通建筑设计工作。主要参与北京地铁 4 号线、6 号线、7 号线、10 号线一期、12 号线、19 号线以及成都地铁 17 号线、天津地铁 9 号线、大连地铁 1 号线和 2 号线等城市轨道交通车站公共区空间设计。

贺坤娟　女，1992 年 2 月生，河南师范大学计算机科学与技术学士，南京华夏天成建设有限公司地铁事业部，设计师。从事多年民用建筑及轨道交通建筑设计工作。主要参与北京地铁 6 号线三期、7 号线二期、12 号线、19 号线以及成都地铁 17 号线等城市轨道交通车站公共区空间设计。

刘　杰　男，1985 年 3 月生，唐山学院计算机科学与技术学士，南京华夏天成建设有限公司地铁事业部，设计师。从事多年民用建筑及轨道交通建筑设计工作。主要参与北京地铁 6 号线三期、7 号线二期、12 号线、19 号线以及成都地铁 17 号线等城市轨道交通车站公共区空间设计。

上海康业建筑装饰工程有限公司

上海康业建筑装饰工程有限公司（以下简称"康业"）成立于 1994 年，是一家以室内装饰设计施工为主，融幕墙、机电安装、智能化安装、展示展览工程、文物保护工程等为一体的专业室内外装饰工程公司。尤其在高端酒店装饰领域，康业品牌以精湛的技术和精益求精的质量享誉业内。完成的公共类项目有：北京国家大剧院、2008 年北京奥运会青岛奥帆中心、2010 年上海世博会城市地球馆等 8 个场馆、上海科技馆、上海 F1 国际赛车场、上海迪士尼乐园、上海兴业太古汇、上海董家渡金融城、上海国际金融中心中金所及结算所、北京环球影城、北京地铁 8 号线三期及 10 号线二期、宝钢体育中心、镇江体育中心会展中心等。

刘　珂　男，1973 年生，湖南大学建筑学硕士，高级室内建筑师，中国建筑学会室内分会专家委员，中国建筑学会室内设计分会理事。主要从事大型公共建筑室内设计，近年代表作品有：济南遥墙国际机场二期改扩建工程，厦门翔安国际机场候机楼项目，舟山海洋文化艺术中心二期室内设计，呼伦贝尔海拉尔机场扩建工程，遵义海龙囤遗址游客中心，北京地铁 10 号线二期及 8 号线三期等。

桑振宁　男，1978 年生，长春工程学院学士，室内建筑师，中国建筑学会室内分会会员，2013 年中国室内设计协会全国 50 位优秀青年室内设计师。主要从事室内设计工作，近年代表作品有：舟山海洋文化艺术中心二期室内设计，济南轨道交通控配中心，北京地铁 10 号线二期及 8 号线三期，济南遥墙国际机场二期改扩建工程等。

郭立海　男，1983 年生，吉林大学学士，中国建筑学会室内分会会员，主要从事室内设计工作，设计作品 10 号线二期丰台站曾获得交通设计类奖项。代表作品有：湖州南浔区大剧院，北京地铁 10 号线二期及 8 号线三期，厦门翔安国际机场候机楼项目等。

北京北建大建筑设计研究院有限公司

北京北建大建筑设计研究院有限公司成立于1960年,隶属于北京建筑大学,依托北京建筑大学建筑学科综合的特色,具有产学研一体与全过程工程服务的高校设计院综合优势,始终坚持以专业研究引领设计创新的发展理念,具有城乡规划、建筑工程、文物保护工程设计、测绘四项甲级资质,风景园林、旅游规划设计、土地规划三项乙级资质,具有建筑工程施工总承包二级、文物保护工程施工一级资质,是全国规模最大的几家高校设计院之一,是北京市高新技术企业。

关美荣 女,1984年生,北京工业大学硕士,高级工程师,国家一级注册结构工程师,北京北建大建筑设计研究院有限公司建筑院副院长。从事多年民用建筑及轨道交通建筑设计工作。主要参与北京地铁15号线、16号线、22号线,天津地铁7号线、10号线,京唐高铁、巴基斯坦拉合尔橙线等多条轨道项目及周边综合体开发项目。

乐美峰 男,1981年生,同济大学学士,北京北建大建筑设计研究院环艺院总工。主要参与项目有:北京地铁4号线、大兴线、亦庄线、15号线、16号线、11号线、昌平线南延、房山线北延,天津地铁5号线、7号线、Z4线,太原地铁2号线,宁波地铁4号线,杭州地铁5号线等;大铁站房内装类项目有:青岛西站、赤峰站、宝坻站、董家口站、浦梅铁路(建宁南站、水茜站)、雄商高铁(台前东站、曹县西站、清河西站、郓城站)、中老铁路玉磨段磨憨站。

伊 哲 男,1988年生,内蒙古师范大学学士,高级工程师,北京北建大建筑设计研究院有限公司,精装设计主任,从事多年地铁空间设计及地产开发设计管理工作。主要参与的轨道交通类项目有北京地铁15号线三期、16号线一期、8号线三期等城市轨道交通车站公共区空间设计。

北京科瑞迪国际文化传播有限公司

北京科瑞迪国际文化传媒有限公司成立于2008年,是一家致力于全国各地公共艺术文化相关项目的现代化公司。公司成立至今落地项目有北京市轨道交通6号线、7号线、8号线、昌平线、17号线、19号线站内部分工程车站艺术品创作,为文化类项目提供"专业、高效、优质"的一体化服务,是为客户提供全方位项目方案的供应商。我公司与中央民族大学、中央美术学院、清华美术学院、天津美术学院、山东美术学院等高等艺术类院校,均为多年的合作伙伴,双方合作致力完成全国各地多项公共艺术品的创作及制作。

何 威 男,1967年5月生,本科毕业于中央工艺美术学院(现为清华大学美术学院),中央民族大学博士,现任中央民族大学美术学院环境艺术系主任,副教授。主要从事城市公共艺术创作、数字公共艺术开发、文创开发。创作北京地铁昌平线十三陵站公共艺术作品《万年吉壤》、北京地铁6号线西延廖公庄站公共艺术作品《荷塘月色》《荷塘黄昏》。

芮法彬 男,1963年2月生,本科毕业于浙江美术学院(现为中国美术学院),中央民族大学博士,现任中央民族大学美术学院院长,教授。主要从事版画创作、高端艺术教育。创作北京地铁7号线广渠门内站公共艺术作品《胡同记忆》、北京地铁昌平线昌平东关站公共艺术作品《绿色昌平》。

张　朋　男，1969年5月生，本科毕业于中央工艺美术学院（现为清华大学美术学院），首都师范大学硕士，现任中央民族大学美术学院视觉传达系副主任，副教授。主要从事城市公共艺术创作、版式设计、书籍装帧。创作北京地铁7号线菜市口站公共艺术作品《宣南雅集》、北京地铁6号线西延田村站公共艺术作品《阜城梅花》。

牧　婧　女，1983年11月生，本科毕业于中央工艺美术学院（现为清华大学美术学院），清华大学美术学院设计艺术学硕士，现任中央民族大学美术学院视觉传达系教师，副教授。主要从事城市公共艺术创作、新媒体艺术创作、文创开发。创作北京地铁昌平线昌平站公共艺术作品《昌平记忆》、北京地铁7号线欢乐谷站公共艺术作品《欢乐海洋》。

北京央美城市公共艺术院

北京央美城市公共艺术院是以中国现阶段城市化进程与城市再建设中的实际案例为研究重点，通过对国内外优秀的公共艺术项目与城市建设案例的考察、研究，力图根植于中国国情，探索适用于中国城市发展的公共艺术建设模式。艺术家汇聚了理论家、评论家、设计师、策展人、制片人等文化艺术领域人才。在多领域专家及设计师的横向科研合作中建立起具有综合性、专业性的学术研究平台。我院依靠对公共艺术的研究与应用使城市成为更加多元化、立体化、个性化和艺术化的综合构成体。在立足于中国城市建设的实际案例中，开展系统有效的学术研究，时间与研究并行是本院的特色与优势。

郭立明　男，1980年8月生，中央美术学院硕士，高级工程师，中国城市雕塑家协会会员，中央美术学院城市轨道交通站点空间设计研究中心副主任。近年来多次参与轨道交通空间设计及公共艺术品创作。主要参与北京地铁6号线西延、7号线东延、8号线三期、14号线、燕房线、19号线一期及昌平线南延车站艺术品创作实践，青岛地铁13号线、济南轨道交通R3四位一体车站空间设计、青岛地铁3号线车站艺术品创作实施。

张　楠　男，1985年9月生，中央美术学院硕士，高级工程师、高级工艺美术师，北京央美城市公共艺术院交通枢纽设计中心总监。近年来作为项目负责人及主创设计师多次参与北京、深圳、济南、青岛、长春、合肥等全国多个城市的轨道交通公共艺术项目。主要参与北京地铁6号线西延、8号线二期、9号线、14号线、燕房线车站艺术品创作实践，青岛地铁13号线、2号线四位一体车站空间设计、青岛地铁3号线车站艺术品创作实践，长春地铁1号、2号线车站艺术品创作实践，济南轨道交通1号线重点车站艺术品创作实践。

北京科纳特公共艺术有限公司

北京科纳特公共艺术有限公司是由国内著名公共艺术、雕塑等方面的专家组成，是集艺术景观咨询、策划、设计、实施问题解决于一身的城市艺术景观建设综合服务实体。公司经历了上百个城市重点雕塑艺术工程项目和城市综合艺术景观项目的设计和建设，在多年的实践中积累了景观策划、设计、制作等方面的经验。公司秉承"文化雕琢城市 艺术提升空间"的宗旨，以"建设美丽城市"为目标，为社会提供优质的城市艺术景观建设综合服务。

王　超　男，1978年生，中央美术学院学士。2001年至今从事于公共艺术创作。主要作品有《金融世界》《帆影》《千年运河》《逐》《山水》《北纬40°》《茶韵飘香》《都市变迁》《郊亭印象》等。

李 蕊 女，1985年生，2009年毕业于河北大学工艺美术学院。2009年至今从事公共艺术创作。参与设计制作北京地铁8号线珠市口站《老城故事》《流云雨燕》、金鱼胡同站《连年有余》等。

周 磊 男，1983年生，北京农学院学士，2008年于清华美术学院环艺系进修。2009年至今从事于公共艺术创作。主要作品有：浙江省档案馆主雕《岩心》，北京地铁7号线九龙山站艺术项目《山光水色》，营口自贸区门户景观《自由之门》，南京江北新区景观作品《腾飞》，北京地铁8号线珠市口站艺术项目《流金岁月》，商洛高新区《南秦水岸·九如》等。

中国壁画学会

中国壁画学会成立于2004年，是专注于中国壁画艺术的学术团体。学会集中了中国优秀的壁画家，组织进行壁画艺术创作、理论研究、学术交流、展览组织策划、国际合作、书刊编辑等工作。学会由侯一民先生创立，第一任会长为侯一民，第二任会长为戴士和，第三任会长为李林琢，现任会长为孙韬。作为全国最重要的壁画专业学术机构之一，中国壁画学会将继续在壁画领域深耕，继承发展中国壁画事业、团结培养中国壁画人才、书写并记录中国壁画的历史。

田 鲁 男，1983年3月生，中央美术学院壁画系硕士，中国壁画学会理事，培训部主任，中国美术家协会壁画艺术委员会学术秘书，负责中国壁画学会的高研班、游学班等培训项目，参与中国美术家协会壁画艺术委员会相关的展览、研讨会、论坛等学术活动的组织和服务工作。近期主要参与北京地铁8号线王府井站壁画、8号线天桥站壁画、6号线郝家府站壁画、6号线北海北站壁画以及郑州地铁1号线龙子湖中心站壁画、5号线中央商务区站壁画等设计制作。

牛 涛 男，1977年4月生，中央美术学院壁画系硕士，国家开放大学艺术学院副院长，中国壁画学会理事，会员部主任。主要从事壁画、雕塑等公共艺术的创作实践研究，以及艺术类视频课程与高校美育课程的开发工作。主要参与北京地铁8号线天桥站、前门站壁画，北京地铁6号线金台路站、潞城站壁画，石家庄地铁1号线园博园站壁画的设计制作。

杜 飞 男，1952年9月生，中央美术学院学士，中央美术学院壁画系教授，国家一级美术师，壁画系材料工作室主任，主要从事壁画材料教学与研究。参与的北京地铁壁画创作有：6号线一期车公庄站《彩韵国粹》，6号线二期北运河站《京师漕运》，8号线二期天桥站《天子赴祭》；郑州地铁壁画1号线会展中心站《荟萃中原》，2号线黄河路站《仓颉造字》；石家庄地铁1号线解放广场站《火车拉来的城市》。

李 晴 女，1975年4月生，中央美术学院硕士，现任教于天津美术学院壁画系，中国壁画学会会员、中国建筑学会会员。2015年被授予"国家艺术基金""青年艺术创作人才"。主要从事省市级博物馆壁画及地铁壁画设计制作。已完成北京市总参谋部"测绘史馆"序厅壁画、中国南京大报恩寺博物馆大报恩寺塔壁画群、中国陕西黄帝陵博物馆壁画群、湖南省常德市"天下常德"壁画群之《洞庭筑鼎》壁画，以及北京地铁4号线西四站、北京地铁6号线平安里站和物资学院路站、北京地铁8号线天桥站等壁画项目的设计制作。

马晓腾 男，1967年9月生，中央美术学院学士，同年留校任教至今。现为中央美术学院油画系教授，中国壁画学会常务理事。主要从事油画教学及创作、壁画设计制作。近年创作了北京地铁4号线西四站、6号线平安里站、6号线物资学院路站、北京地铁8号线天桥站壁画等。

北京敬之文化艺术有限公司

北京敬之文化艺术有限公司是一个以公共艺术设计为核心、多学科背景，且具有本土市场经验的国际化团队，为业方提供形象一致、反馈敏捷、成本有效的服务。团队依托中央美术学院公共艺术工作室，以年富力强、有创造力的艺术家、建筑师为核心，致力于提供公共艺术领域集艺术咨询、艺术设计、深化方案及雕塑制作的综合性解决方案。自2012年起先后配合相关政府单位组织了北京地铁10号线二期、北京地铁14号线、深圳地铁3号线、北京地铁8号线南段的公共艺术项目。

徐恩斌　男，1986年9月生，中央美术学院学士。北京敬之文化艺术有限公司艺术总监。主要从事公共艺术研究及落地，传统文化研究、文物数字化等工作。主要参与负责北京地铁10号线二期、14号线、8号线、3号线的公共艺术设计与落地。

杨雪松　男，1989年11月生，黑龙江大学学士，中国城市雕塑家协会会员，中级环境艺术师。北京敬之文化艺术有限公司设计部经理，深化设计技术负责人。多年从事公共空间的主题雕塑和地铁空间设计及配套落地深化设计工作。近期主要项目为城市雕塑及地铁空间艺术品设计及落地深化设计。主要参与北京地铁8号线、14号线部分地铁艺术品设计及落地深化设计。

胡泉纯　男，1977年7月生，中央美术学院硕士。多年从事公共艺术教学及实践研究，现为中央美术学院雕塑系教授、副主任、公共艺术工作室主任。作品及课题屡获国内外大奖。主要参与北京地铁8号线、14号线部分地铁艺术品设计。

向　昱　男，1990年3月生，中央美术学院硕士。曾参与中国共产党历史展览馆广场主题雕塑《信仰》（团队创作）、中国共产党成立100周年文艺演出《伟大征程》舞台多媒体视觉创作（团队创作）等重要项目。主要参与北京地铁14号线、8号线、3号线部分车站的公共艺术设计与落地。

北京大觉造型艺术有限公司（北京服装学院创作组）

北京大觉造型艺术有限公司是一家长期致力于艺术文化类产品创意、雕塑制作、雕塑安装及环境艺术设计的专业公司，与国内多所知名艺术院校及艺术机构有着紧密固定的合作关系，拥有多位高水平、高艺术修养的设计师，拥有众多手艺精湛的艺术技工。在许多城市都有我公司精湛的雕塑艺术作品。公司本着"以质量求生存，以创新为路线，以市场为导向"的服务宗旨及经营方针，不断地追求卓越，更好地为大众服务。

朱乐耕（创作组特邀艺术家）　男，1952年11月生，中国艺术研究院文学艺术院院长，教授，博士生导师，原中国工艺美术学会副理事长，中国陶瓷艺术大师，第十一、十二、十三届全国政协委员，享受国务院特殊津贴专家待遇。多次参加国内外当代陶艺展，先后有四十余件作品获奖，并于2012年获文化部"非物质文化遗产薪传奖"，2013年获中国艺术研究院"中华艺文奖"。曾在中国、新加坡、韩国、美国、法国、德国等国家举办个人陶艺展。多年来其努力推动具有中国哲学内涵的当代陶艺创作，尤其是在当代环境陶艺的创作上卓有建树，不少大型陶艺作品置放在上海、天津、九江以及韩国首尔、济州岛等城市的重要建筑和公共空间中，成为该城市重要的人文景观之一。多年来其还致力于推动中国当代陶艺的国际交流，曾担任首届东亚陶艺展的策展人与组织者，并多次担任景德镇、佛山等多个产瓷区的国际陶艺展的组织者、策划者和评委会主任。还多次应邀在美国哈佛大学、美国阿尔弗雷德大学、美国肯塔基大学、加拿大拉瓦尔大学、日本东京艺术大学、韩国弘益大学等许多国家的重要大学讲学。并积极参与国际学术对话，曾多次参加由文化部、欧盟文化组织、美国人文基金会、韩国文化中心组织的中欧文化论坛、中美文化论坛、中韩文化论坛等文化交流活动，并在论坛上宣读论文，扩大了中国当代艺术和陶瓷艺术在国际艺术节的影响力。其系列作品被国内外许多美术馆、博物馆收藏。

潘　松　字劲甫，荣宝斋雕塑院院长，中国美术家协会会员，中国雕塑学会常务理事，国家一级美术师。1997年毕业于中央工艺美术学院装饰雕塑专业，获学士学位。2001年毕业于清华大学美术学院雕塑系，获硕士学位。中国北京2008国际雕塑特别邀请展作品监制成员，第一届至第六届"中国·芜湖刘开渠奖国际雕塑大展"作品艺术监制等。

何岩青　男，1983年生，雕塑家、当代公共艺术家，中国雕塑学会会员。多次参加和独立设计、制作大型城市公共雕塑。2023年创作大型公共艺术雕塑《萌萌象》（河北唐山），2022年创作《生命赞歌》园林景观生态雕塑（中国生物集团），2022年创作山东省工程建设泰山杯奖杯（山东省住房和城乡建设厅），2020年创作大型公共艺术主题雕塑《众星拱月》（山东济宁）；2019年负责第58届威尼斯国际双年展中国国家馆展览项目统筹，国内巡展艺术驿亭项目创意人；《云境》系列之五获邀"花语@春风"广东美术馆迎春花木主题特展（广东美术馆收藏）；作品《春秋》系列获邀"自·沧浪亭当代艺术展"（苏州金鸡湖美术馆）；《云境》系列之三获邀"在路上·中国青年艺术家作品提名展"（大千当代艺术中心）；《云境》系列之四获邀"武汉新轴线——2017泛海国际雕塑艺术季"（武汉）等。

杨　兵　男，1987年生，毕业于北京服装学院雕塑系，文学硕士，中国雕塑学会会员。从事公共艺术文化研究、雕塑艺术创作及制作。主要参与负责北京地铁8号线三期部分艺术品设计深化及落地实施。

北京领航线国际文化传媒中心

北京领航线国际文化传媒中心专注于中外文化交流的推广和投资，积极探求与实践国际文化艺术新理念同中国特色文化产业的科学契合，为国家与地区性高端客户提供专业化、国际化的服务。公司业务涉及中外文化的艺术交流，国际及区域性文化产业化营销推广，策划、运营大型文化活动，策划、实施艺术生产创作。公司拥有专业的策划团队和传媒精英，倡导务实创新的策划力、高效快捷的执行力。

王　健　男，1987年生，毕业于中央民族大学油画系，中国美术家协会会员，现任职于中国艺术研究院油画院。代表作为北京地铁8号线五福堂站《五福临门》。

唐新志　男，1971年生，英国东伦敦大学建筑与视觉艺术学院获硕士学位，现任教于天津美术学院壁画系。代表作为北京地铁8号线火箭万源站《璀璨星空》。

后记
POSTSCRIPT

地铁车站的装修及公共艺术项目是一个复杂的系统工程，不仅需要优秀的方案创意及精细的施工建造，更关键的是需要依赖高效顺畅的工作管理模式。就如灵敏的神经系统——高效地组织、控制、激励各个机能，才能发挥其最大的潜力，达到最佳的效果。

2018年开通的地铁车站室内空间设计采用"线网概念总控→线路概念优化→工点设计落实"的工作模式。线网概念规划单位先期对拟建线网车站装修及公共艺术进行统筹和风格定位，各条线路概念设计单位根据线网总体要求，提出各自设计理念构思、设计原则及实现手法，同时根据实践情况进行沟通反馈，不断优化完善线网概念规划，最后各装修工点设计单位根据线路概念设计定位及原则，对具体车站进行方案设计，并指导现场落实执行。工作管理模式如右图所示。

在与公共艺术品结合的过程中优化了工作沟通机制，制定了空间主导、过程调整、相互融合、整体呈现的空间设计原则。以车站整体空间效果为出发点，打破以往先土建、再设备、再装修、再艺术品点缀的设计方式，采用建筑、功能、装修、公共艺术"一体化"设计，更加注重空间、内容、照明与公共艺术品的相互融合，使之有机结合，再造车站空间。

设计建设过程中，有很多好的经验。车站建筑原空间预留了较好的条件，为装修后续效果提供了基础保障。同时车站设备管线及设备终端能配合整体空间效果进行优化和调整，是车站室内空间和公共艺术实现的重要条件；另外，设计方案和图纸是后期施工的前置条件，设计资料在前期进行了详细的沟通与论证，在实施过程中加强现场配合，确保了设计方案的可实施性。

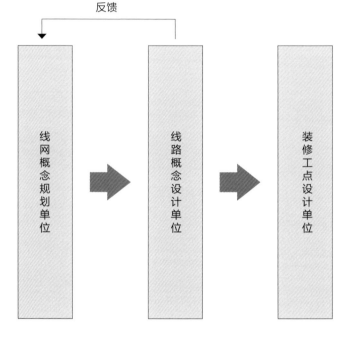

工作管理模式

当然也存在一些不足之处，主要问题有：

1. 土建工程设计强调标准化，在方便了工程建设实施及成本控制的同时，如何平衡标准化与文化性具有一定难度。

2. 在施工图及现场后期配合阶段，因抢工期，导致设计方案在后期现场施工中兑现有难度。

3. 缺少对新设计、新材料、新工艺的支持和保障机制，用钢筋、混凝土等常规材料的定价模式进行装修材料定价，导致创新不足。

4. 导向、票亭、公共区综合支吊架等终端本应成为整体空间的元素，但各专业的本位主义造成协调难度加大，总体协调力度需增强。

5. 不同的运营商有不同的运营需求标准，前期需求不明确，后期不断增加需求，导致现场验收时出现较多调整。

通过经验和问题的总结，对后续地铁车站的设计、建设、管理提出以下思考和建议，希望能为后续线路的建设提供借鉴与参考。

1. 车站装修和艺术品设计单位提前介入，从建筑空间进行整合设计。对于线网概念规划的重点车站，从整体空间效果反面提出车站建筑空间和结构形式的特殊要求。

2. 建立从方案设计、施工图及现场后期配合阶段的全过程、统一管理机制，明确按图施工的重要性，加强在后期施工过程中的设计方案落实、材料和施工质量效果的设计检查。

3. 以标准化为主，同时鼓励创新，对新设计、新材料、新工艺进行积极的试点尝试，并在设计方案、材料定价方面采取积极的招标和定价支持措施。

4. 将导向、票亭、公共区综合支吊架等终端统一纳入装修设计的接口统筹范围，加强装修设计在各专业接口设计的主导性，统筹考虑，同时加强设计总体的协调作用。

5. 加强对装修施工单位水平的要求，提高地铁车站的施工水平，符合北京城市精细化管理的要求。

6. 在总网导则制定中，与运营单位充分沟通，制定出北京地铁车站统一、全面、权威性的装修工程运营需求设计标准。

随着《北京城市总体规划（2016年—2035年）》的批复和实施，地铁车站的网络化、一体化规划建设，以及优化城市公共空间、提升出行品质，成为地铁车站建设发展的新特征。2018年开通的地铁车站在满足交通功能的前提下，更加注重乘客不断提高的出行心理需求，提供更加舒适、高质的车站空间，探索精细化管理模式，打造"人文地铁"，为首都公共交通建设增光添彩。